UMSCHAU

HARALD LIEBEL
CHRISTINE BLEI

EINE KULINARISCHE ENTDECKUNGSREISE DURCH FRANKEN

UMSCHAU

INHALT

INHALT

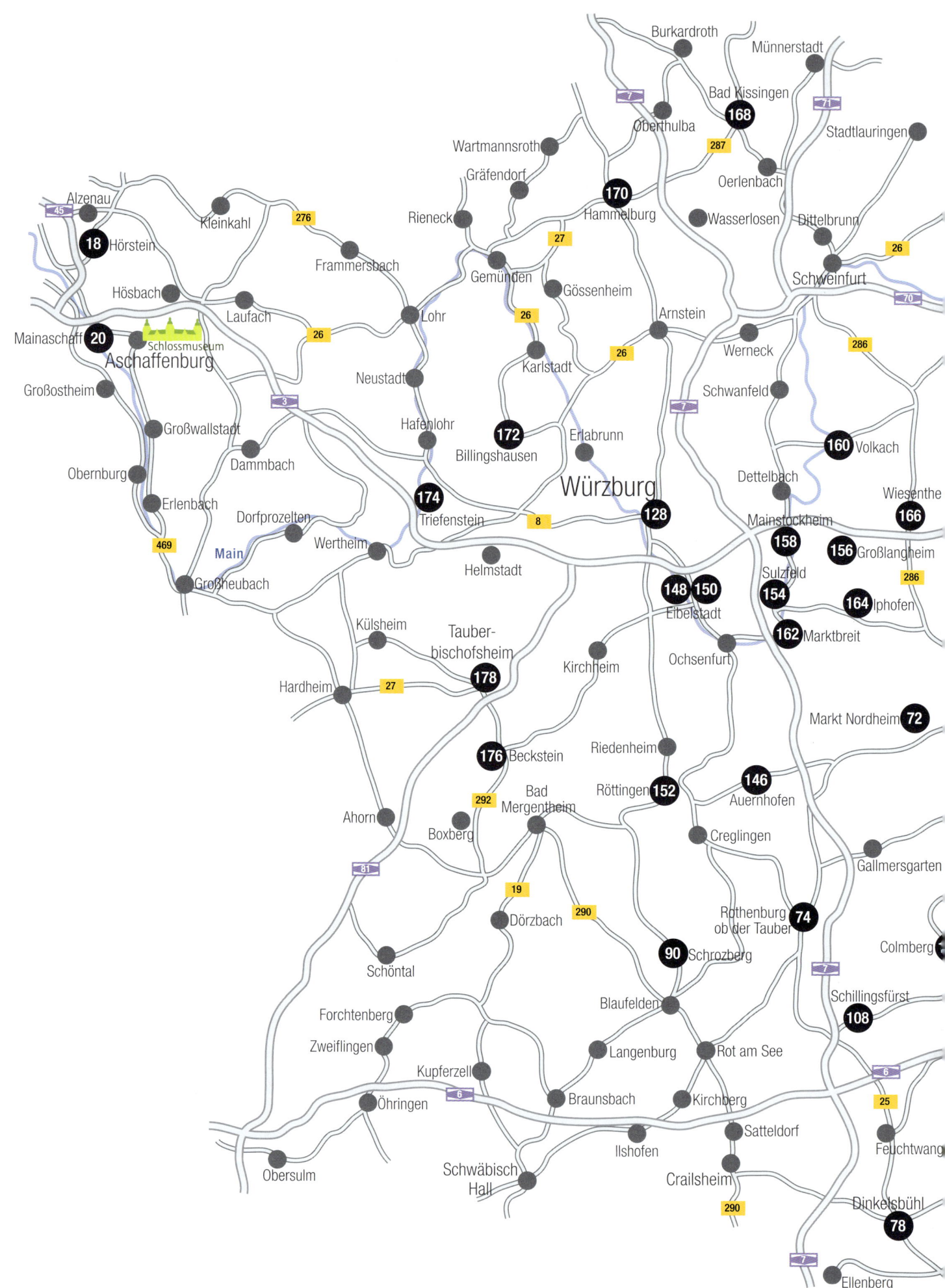

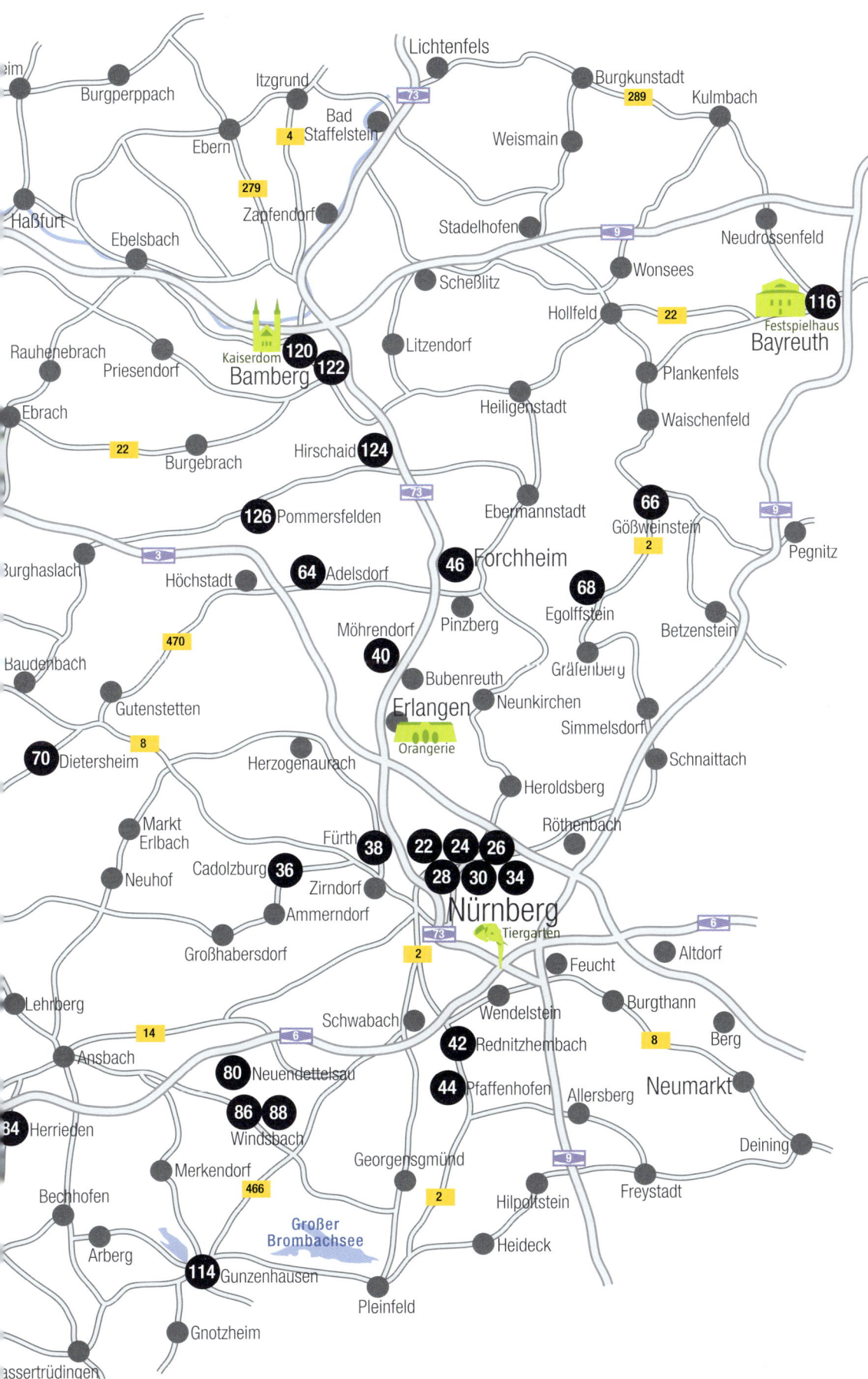

Lichtenfels

Burgkunstadt

Itzgrund

Kulmbach

289

Burgperppach

Bad
Staffelstein

4

Weismain

Ebern

279

Zapfendorf

Stadelhofen

Neudrossenfeld

Haßfurt

Ebelsbach

Scheßlitz

Wonsees

Hollfeld

22

116 Festspielhaus
Bayreuth

Rauhenebrach

Priesendorf

Kaiserdom **120** **122**
Bamberg

Litzendorf

Plankenfels

Ebrach

Heiligenstadt

Waischenfeld

22

Burgebrach

Hirschaid **124**

126 Pommersfelden

Ebermannstadt

66
Gößweinstein

Pegnitz

9

Burghaslach

Höchstadt

64 Adelsdorf

46 Forchheim

2

Pinzberg

68
Egolffstein

Betzenstein

470

Möhrendorf
40

Baudenbach

Bubenreuth

Gräfenberg

Gutenstetten

Erlangen
Orangerie

Neunkirchen

8

70 Dietersheim

Herzogenaurach

Simmelsdorf

Schnaittach

Markt
Erlbach

Heroldsberg

Röthenbach

Fürth **38**

22 **24** **26**

Cadolzburg **36**

Zirndorf

28 **30** **34**

Neuhof

Ammerndorf

Nürnberg
Tiergarten

6

Altdorf

Großhabersdorf

73

2

Feucht

Lehrberg

Schwabach

Wendelstein

Burgthann

14

6

8

Berg

Ansbach

42 Rednitzhembach

80 Neuendettelsau

44 Pfaffenhofen

Allersberg

Neumarkt

86 **88**

84 Herrieden

Windsbach

Georgensgmünd

Deining

Merkendorf

466

Freystadt

9

Bechhofen

2

Hilpoltstein

Großer
Brombachsee

Arberg

114 Gunzenhausen

Heideck

Gnotzheim

Pleinfeld

assertrüdingen

28 Die Zahlen in der Karte sind identisch mit den Seitenzahlen der
verschiedenen Betriebe in diesem Buch und zeigen ihre Lage in der Region.

VORWORT

Was erwartet die Leserin und den Leser, wohin führt unsere kulinarische Entdeckungsreise? In erster Linie natürlich durch das schöne Frankenland. Charaktervolle und abwechslungsreiche Landschaften, romantische Straßen und historische Städte, idyllische Weinberge und mittelalterliche Kleinode, gemächliche Flüsse und lebendige Geschichte. Franken ist nicht nur schön, Franken ist vor allen Dingen abwechslungsreich. Es müssen keine großen Entfernungen bewältigt werden, um sich plötzlich in einer ganz anderen Welt wieder zu finden. Ein Franke braucht Franken nicht zu verlassen, um Urlaub zu machen, und wer als Gast nach Franken kommt, kommt aus dem Staunen nicht heraus. Nicht nur die Landschaft und die Geschichte machen diesen Landstrich so interessant, es sind seine Menschen (Franken – wörtlich: die Kühnen, die Freien) und deren Küche. Die fränkischen Klassiker sind auf natürliche Weise kopiergeschützt. Ein nicht-fränkischer Metzger scheitert zum Beispiel schon am korrekten Zuschnitt einer Schweineschulter für ein echtes „Schäufala". Nürnberger Bratwürste, „Blaue Zipfel", Aischgründer Karpfen, Hesselberger Lamm, Frankenwein und fränkisches Bier: nur echt aus dem Frankenland. Reine Küchenfolklore, wenn dies schon alles wäre, was es zu entdecken gibt. Qualität begleitet nämlich unsere Entdeckungsreise und ist das Zauberwort, das alle Gastgeber dieses Buches verbindet. Qualität als Geisteshaltung, der Beruf als Berufung und die Region als lukullisches Füllhorn, so stellt sich das moderne kulinarische Franken dar. Naturnahe, ökologisch verantwortungsvolle Arbeitsweisen – mit und ohne Zertifikat –, der achtsame Umgang mit den Ressourcen der Heimatregion und der gut vernetzte Austausch mit den Nachbarbetrieben – so bleiben Qualität und Frische garantiert und nachvollziehbar. Naturnah, aber nicht vernunftfern zu wirtschaften, vielleicht auch eine Frage der Mentalität. Probieren Sie es einfach aus: essen, trinken, feiern, tanzen, schlafen ... entspannen. Sie werden garantiert immer – und dafür legt der Autor seine Hand ins Feuer – auf ausgesprochen nette Menschen treffen. Franken eben.

Mein herzlicher Dank geht an die Fotografin Christine Blei für die tollen Fotos und die angenehme Zusammenarbeit.

Viel Spaß bei der kulinarischen Entdeckungsreise durch Franken.
Nürnberg, im April 2013

Harald Liebel

FRANKEN

Paradies für Radler und Genießer

In der Freizeit steigen immer mehr Menschen aufs Fahrrad. Ökologisch unbedenklich, gesund und ein wunderbares Training für Körper und Sinne. Und: 60 Prozent aller Radler empfinden beim Fahren Freude. Von den Autofahrern nur ein Drittel. Sagt die Uni Utrecht. Auch der Tourismus in Franken profitiert von den Radfahrern. Kein Wunder, Franken ist ideales Radl-Gebiet. Denn die Mischung macht's: Viel Natur – fast die Hälfte des Frankenlandes ist Naturpark-Gebiet – und eine großartige landschaftliche Vielfalt. Viel Kultur – auch auf Welterbe-Niveau – gleich viermal findet sich ein „Unesco-Weltkulturerbe": der rätisch-römische Limes, das Markgräfliche Opernhaus in Bayreuth, die Bamberger Altstadt und die Residenz in Würzburg. Das kann sich, selbst im weltweiten Vergleich, mehr als sehen lassen. Und natürlich nicht zu vergessen die kulinarischen Genüsse – zu, verglichen mit anderen Regionen, verblüffend günstigen Preisen. Franken ist ein Paradies für Radler und Genießer. Kein Wunder also, dass sich die beiden einzigen Fünf-Sterne-Radwege in Franken befinden. Der Allgemeine Deutsche Fahrradclub (ADFC) hat diese Routen besonders ausgezeichnet: zum einen den Main-Radweg, der auf einer Gesamtlänge von rund 600 km vom Fichtelgebirge bis zum Rhein führt, zum anderen den Radweg „Liebliches Taubertal – Der Klassiker", herrliche 100 km von Rothenburg o.d. Tauber bis nach Wertheim. Das gesamte fränkische Radwegenetz ist natürlich noch wesentlich umfangreicher. Neben den beiden „Fünf-Sterne-Flaggschiffen" gibt es noch die mit vier Sternen klassifizierten Routen: Circa 260 Kilometer Strecke führen „Vom Main zur Rhön", 120 Kilometer ist der „Aischtalradweg" lang, und der „Regnitz-Radweg" erstreckt sich über 85 Kilometer. Franken lässt sich darüber hinaus in 15 Radregionen einteilen, wobei jede Region über ein hervorragendes Service- und Tourenangebot verfügt. Für die Region Fichtelgebirge sind gute Kondition und ein Mountainbike anzuraten. Faszinierende Aussichten und lange Abfahrten entschädigen für manch knackigen Anstieg. Auch der Frankenwald ist ideal für fitte Radler, er ist offizieller Trainingsstützpunkt des deutschen Radsportverbandes, der die umfangreichen Mountainbike-Strecken für seine Trainingslager nutzt. Die Fränkische Schweiz lockt unter anderem mit „Casanovas Ausritt".

Auf 184 Kilometern kann man den Spuren des berühmten Lebemanns folgen. Das Fränkische Seenland beeindruckt mit einem familienfreundlichen Radwegenetz, das sich über 1500 Kilometer erstreckt. Sieben Seen wollen entdeckt sein, Steigungen sind rar gesät. Im Fränkischen Weinland bieten sich der Main-Radweg und der Wern-Radweg an, ideal für Freizeitradler und Familien – erfrischende Weinverkostungen versüßen die Pausen. Insgesamt 21 Touren können in der Region Haßberge befahren werden, Schlösser, Burgen, Natur und Geschichte sorgen für Abwechslung. Köstlichen Wein und ausgesuchte Gaumenfreuden bietet das Liebliche Taubertal. Die „Wein-Radreise durch Hohenlohe, Taubertal und Main" lässt auch Gourmets in die Pedale treten. Der Altmühltal-Radweg ist einer der schönsten Radwege Deutschlands und führt auf 160 Kilometern durch den Naturpark Altmühltal. Entlang der Pegnitz oder dem historischen Ludwigs-Kanal führen beschauliche Routen im Nürnberger Land – hier kommen sowohl Sportler als auch Familien auf ihre Kosten. Im Oberen Maintal-Coburger Land empfiehlt sich die herrliche Main-Coburg-Tour durch den „Gottesgarten", wie das Land am Obermain auch genannt wird. Die Rhön lockt Mountainbiker ins über 1200 Kilometer lange Tourennetz des Biosphärenreservates Rhön. Kultur und Genuss verbinden sich im Romantischen Franken. Rothenburg ob der Tauber, Dinkelsbühl und Ansbach locken mit reizvollem, historischem Ambiente, die Altmühl verwöhnt mit herrlichen Landschaften. Die Höhenzüge um Frammersbach und Flörsbachtal sind ein Geheimtipp für Mountainbiker im Spessart-Mainland. In der idyllischen Urlaubslandschaft liegen Städte wie die Residenzstadt Aschaffenburg, Lohr am Main mit seinem Spessartmuseum oder die Rotwein-Stadt Klingenberg. Nürnberg, Fürth, Erlangen und Schwabach gilt es in der Städteregion Nürnberg zu entdecken. Gerade Erlangen gilt dabei als vorbildlich fahrradfreundlich. Nicht zuletzt der „Fränkische Karpfenradweg" ist Beweis dafür, dass es im Steigerwald nicht nur um Kraft und Ausdauer, sondern auch um die leiblichen Genüsse geht.

FRANKEN INTERNATIONAL

Käfernberg und Hofgut Hörstein

Hoch oben im Nordwesten, wo Franken schon fast auf-
hört und Hessen schon fast anfängt, liegt Hörstein. Eine
besondere Gegend, der Vorspessart, nicht zuletzt für
den Wein. Was in Restfranken auf Muschelkalk, Buntsandstein
und Keuper gedeiht, wächst hier auf Urgestein, Glimmerschie-
fer und Paragneisen. Petra Hein bewirtschaftet die Weinberge
des Hofguts Hörstein im Hörsteiner Reuschberg. Was vor 50
Jahren mit einem halben Hektar seinen Anfang nahm, ist mit
der Zeit auf die stattliche Größe von 10 Hektar angewachsen.
Geändert hat sich trotzdem nicht viel. Nach wie vor werden
die Anlagen naturnah und mit großer Sorgfalt bewirtschaftet.
Ausgebaut wird der Rebensaft im großen Gewölbekeller des
Aschaffenburger Schlosses. Und die Weine haben nach wie
vor ihren eigenen Charakter, sie sind geradlinig und unkom-
pliziert. Die Tropfen lassen sich direkt in der Weinwirtschaft
im Hofgut Hörstein verkosten. Der dortige Gewölbekeller ist
ideal für stimmungsvolle Weinproben und rustikale Vesper.

REHRÜCKEN AUS DEM SPESSARTWALD
Dieses Rezept finden Sie auf der Seite 48

Wem nach gehobener Küche zumute ist, der läuft einfach ein
Stück weiter zum Käfernberg. Das eindrucksvolle Hotel-
Restaurant im alpenländischen Stil beherbergt Stammgäste aus
aller Welt. Das liegt gewiss auch an der Nähe zum Frankfurter
Flughafen, hauptsächlich aber an der herzlich-familiären Stimmung des Hauses und der erstklassigen Küche. Auf die hohe
Qualität regionaler Produkte und internationaler Spezialitäten
legen die Geschwister Edda Hein-Barnetzki und Joachim Hein
großen Wert. Die regionalen Lieferanten sind teilweise seit Generationen mit dem Haus verbunden. Und diese gelebte Tradition spiegelt sich auch in den Räumlichkeiten wider: Ob in
der alten Bauernstube oder der stilvoll getäfelten Abtsstube,
es herrscht eine charmante und behagliche Atmosphäre. Die
große Terrasse bietet einen herrlichen Blick über das Maintal,
die Sonnenuntergänge sind unvergleichlich. Das Haus bietet
viele originelle Veranstaltungen und individuelle Arrangements
einschließlich Übernachtung.

KÄFERNBERG
Edda Hein-Barnetzki und Joachim Hein
Mömbriser Straße 7–9, 63755 Alzenau-Hörstein
Telefon 0 60 23 / 94 10
www.kaefernberg.com

HOFGUT HÖRSTEIN
Petra Hein
Wein & Wirtschaft
Mömbriser Straße 6, 63755 Alzenau
Telefon 0 60 23 / 9 18 31 51
www.hofgut-hoerstein.de

WUNSCHKAFFEE

Kaffee Braun röstet individuell

Nachhaltigkeit ist Rainer Braun ein Anliegen, Qualität sein Anspruch. Seit gut 26 Jahren betreibt er mittlerweile seine Rösterei mit angeschlossenen Verkaufsräumen in Mainaschaff. Als erfahrener Experte ist er in den Ursprungsländern ein gern gesehener Handelspartner und rund um den Globus sind familiäre Freundschaften entstanden – es sind die Menschen, die den Erfolg von Kaffee Braun ausmachen. Mittlerweile sind seine Kontakte etabliert und sein Wissen so profund, dass er seine Kaffees auch ohne Siegel und Normverfahren als fair gehandelt und nachhaltig angebaut empfehlen kann – einschlägig zertifizierte Sorten werden natürlich auch geführt. Über die Jahre ist seine Begeisterung für den Kaffee nicht kleiner geworden, auch sein Sohn Jonas ist mittlerweile – nach Studium und Aufenthalt im Ursprungsland des Kaffees – im Team. Die Beratung ist unglaublich kompetent und versiert. Edelste Bohnen aus der Manufaktur-Röstung oder Rohkaffees aus der Anlagen-Röstung – jeder Kunde bekommt seinen Wunschkaffee. Wie aus der guten alten Zeit mutet die Trommelröstung an: kleine Mengen werden in einem 80 Jahre alten Probat-Röster per Hand veredelt, langsam und bei niedriger Temperatur. Ein aufwendiges und schonendes Verfahren, bei dem ein Röstverlust von circa 20 Prozent des Rohgewichtes in Kauf genommen wird. Durch die plötzliche Abkühlung auf dem Kaltluftsieb entsteht so eine außergewöhnliche Kaffeequalität für Liebhaber – hochverträglich und mit unvergleichlichem Aroma. Die Verbindung solch klassischer Manufaktur-Röstung und der Dienstleistung in Sachen Röstkaffee für Großverbraucher ist ein echtes Alleinstellungsmerkmal des familiär geführten Betriebes. Flexiblere Kaffeelösungen auf einem derart hohen Qualitätsniveau sind kaum zu finden. Im Online-Shop ist ein breites Sortiment verfügbar: Kaffees und Espressi aus diversen Anbaugebieten in unterschiedlichen Röstungen, ausführlich erklärt und beschrieben, oder man greift gleich direkt zum „Rolls Royce" unter den Kaffees, dem Jamaika Blue Mountain …

KAFFEE BRAUN
Rainer Braun
Im Trauenloh 1, 63814 Mainaschaff
Telefon (0 60 21) 2 47 78
www.kaffeebraun.com

AUSSERGEWÖHNLICH STILVOLL

Nürnbergs erste Adresse – hier beherrscht man die Kunst des Verwöhnens

SCHWEINEMEDAILLONS MIT BAMBERGER RÄUCHERBIER-
SAUCE, RAHMLAUCHGEMÜSE UND FÖRSTERINNUDELN
Dieses Rezept finden Sie auf der Seite 49

Der Marmor ist aus Carrara, die Kronleuchter sind historisch und die Prominentendichte ist hoch. Kein Grund, um vor Ehrfurcht zu erstarren. Das Le Méridien Grand Hotel ist zwar ein Haus mit einer langen und großen Tradition, dahinter verbirgt sich jedoch ein modernes Konzept. Denn es gehört zu der global agierenden Hotelkette Le Méridien, die derzeit über 100 luxuriöse und gehobene Hotels in weltweit 50 Ländern betreibt. Dies gewährleistet, dass der weitgereiste Gast immer wieder auf vertraute Dinge trifft, zum Beispiel die verblüffenden Frühstücksdrinks von Jean-Georges Vongerichten oder den Kaffee von Andrea Illy. Die Sehenswürdigkeiten der historischen Nürnberger Altstadt sind fußläufig zu erreichen, der Eintritt in das Neue Museum ist für Hotelgäste kostenlos. Das Haus verfügt über 192 Hotelzimmer. Eingeteilt in vier Komfort-Kategorien ist jedes Zimmer ein Unikat, nur der stilisierte Globus von Martin Behaim zieht sich als verbindendes Designelement durch sämtliche Zimmer und Suiten. Wenn man überhaupt schlafen will. Es lockt da noch die Atelier-Bar. Eingerichtet im Art-déco-Stil hat sie schon ausgelassene Feiern erlebt – Nürnbergs Nachtschwärmer schätzen einen guten Cocktail. Das Restaurant Brasserie lockt mit regionaler und internationaler Küche auf hohem Niveau – verpackt in einen abwechslungsreichen kulinarischen Kalender mit Brunch, Candle-Light-Dinner, saisonalen Highlights und spannenden Events.

Die Annehmlichkeiten des Hauses lassen sich exzellent für Veranstaltungen jeglicher Art nutzen. Auf einer Gesamtfläche von 565 m² gibt es acht eindrucksvolle Veranstaltungs- und Tagungsräume mit Platz für bis zu 250 Personen. Die beiden großen Säle, benannt nach Richard Wagner und Albrecht Dürer, sind besonders sehenswert. Modernste Konferenztechnik ist selbstverständlich und die fundierte Erfahrung der fachkundigen Mitarbeiter in Sachen Planung, Organisation und Durchführung verhilft auch komplexen Veranstaltungen zum Erfolg.

LE MÉRIDIEN GRAND HOTEL NÜRNBERG
Bahnhofstraße 1–3, 90402 Nürnberg
Telefon 09 11 / 23 22 - 0
www.lemeridiennuernberg.com

GASTFREUNDSCHAFT PUR

art + business hotel

Das Boutiquehotel der gehobenen 3-Sterne-Klasse begeistert durch seine Heiterkeit und Frische. Zwischen Bahnhof und Stadtmauer gelegen, angebunden durch die U-Bahn an Flughafen und Messe hat es die beste Lage für alle Ziele, die ein Nürnberg-Besucher ansteuern kann. An den Wänden aller 49 Zimmer finden ausschließlich Originale Platz, die sich Friederike und Christian Hirschfelder in den letzten Jahren ersammelt haben. Das bringt auch die Verbindung zum Namen: art + business hotel.

Das Frühstück im Haus und im Garten ist köstlich und so ganz anders als anderswo, nicht nur die Marmeladen sind von der Creativchefin Friederike Hirschfelder selber eingekocht. Frisch ist alles, selbst das Lächeln der Mitarbeiter. Viele leckere Kleinigkeiten sind hinreißend in Miniportionen angerichtet und verführen selbst eingefleischte ‚Nichtfrühstücker'. Brot und Kuchen werden selbst gebacken. Gemüse, Eier und der Honig kommen aus Franken, die Wurstwaren vom Gourmetmetzger und der Käse von Deutschlands „Maître Affineur" Nr. 1, Volker Waltmann in Erlangen.

Er liefert auch zum Weinkolleg ein grandioses und erlesenes Käsebuffet, das er speziell zu den verkosteten Weinen deutscher und internationaler Spitzenwinzer aussucht und zusammenstellt. Die Hausherren Ferdinand und Christian Hirschfelder stehen selbst am Herd, wenn mehrmals im Jahr zu Wine & Dine geladen wird, meist unterstützt von dem einem oder anderen befreundeten Sternekoch, immer begleitet von einem der großen Winzer, zu dem die Inhaber freundschaftliche Beziehungen pflegen. Kulinarisch, önologisch und optisch ein Hochgenuss und immer für Überraschungen gut, wenn es darum geht, welche Speise sich mit welchem Wein und warum so wunderbar verbindet. Im art + business hotel werden Genuss, Qualität und vor allem Lebensfreude großgeschrieben. Man spürt die Leidenschaft und Empathie, mit der Geschäftsführerin und Direktorin Stephanie Scheuerecker, die auch zur Familie gehört, diesem Haus das ganz besondere etwas gibt: nämlich Gastfreundschaft pur.

TAUBENBRUST MIT PETERSILIENCRÊPE, STEINPILZEN, SELLERIEMOUSSELINE UND TRÜFFELJUS
Dieses Rezept finden Sie auf der Seite 50

ART + BUSINESS HOTEL
Familie Hirschfelder, Stephanie Scheuerecker
Gleißbühlstraße 15, 90402 Nürnberg
Telefon 09 11 / 2 32 10
www.art-business-hotel.com

KOCH KUNST

Entspannen – genießen – erleben

ROH MARINIERTE FORELLE, TOPINAMBUR,
BERGAMOTTE UND SAUERKLEEMOLKE
Dieses Rezept finden Sie auf der Seite 51

Ein Aushängeschild Nürnberger Kultur ist die „Straße der Menschenrechte" von Dani Karavan. Die 27 Säulen aus weißem Beton dominieren neben dem Eingang zum Germanischen Nationalmuseum das Bild der Kartäusergasse. Eingebettet von Kunst findet sich hier der kulinarische Geheimtipp der Frankenmetropole, Aumer's La Vie. Andreas Aumer ist keiner von den lauten Kochkünstlern, er bevorzugt den zurückhaltenden Auftritt. Seine Erfahrungen hat er in Häusern wie dem Königshof in München, Adlon in Berlin und am Herd von Eckart Witzigmann gesammelt. Basis seiner weltoffenen Kreationen ist die französische Küche, bei den Zutaten ist Qualität das Hauptkriterium.

Von seelenverwandten Lieferanten lässt er alte Gemüsesorten anbauen, so bereichern zum Beispiel spezielle Radieschen- und Kohlrabizüchtungen oder Gewürzchrysanthemen seine phantasievollen Kreationen. Grundsätzlich verlässt er sich gerne auf die Region, auch Saibling und Stör tummeln sich in den Knoblauchsländer Becken. Auf seinen Lorbeeren ausruhen, sprich auf bewährte Klassiker in der Speisekarte zu setzen, widerstrebt dem Meister. Zusammen mit seinem stellvertretenden Küchenchef Felix Schneider wird immer wieder aufs Neue experimentiert und probiert. Seine Gäste schätzen den monatlichen Wechsel des 4-Gänge-Menüs sowie den zweimonatlichen Wechsel des 6-Gänge-Menüs und lassen sich kulinarisch verwöhnen und umsorgen. Die Weinkarte umfasst circa 300 Positionen, fränkische und deutsche Gewächse herrschen vor, die Empfehlungen des Hauses sind souverän. Das Ambiente ist unaufgeregt edel, die Decke hoch und stuckverziert. Großformatige Gemälde von Manfred Hurlimann und Béla Faragó zieren die Wände, die Skulpturen sind von Ingo Klöcker. Andreas Aumer lässt sich durchaus in die Karten gucken, auf Anfrage bietet er auch Kochkurse und Catering an. Aumer's La Vie ist der kulinarische Geheimtipp in Nürnberg, frei nach dem Motto: Auch ohne Hunger entspannen, genießen, erleben …

AUMER'S LA VIE
Andreas Aumer
Kartäusergasse 11, 90402 Nürnberg
Telefon 09 11 / 2 44 97 74
www.aumers-la-vie.de

KULINARISCHE SEHENSWÜRDIGKEIT

Original Nürnberger Bratwürste im mittelalterlichen Ambiente

Das muss man einfach gesehen haben. Eine recht abgenutzte Redensart – in diesem Fall ist sie allerdings mehr als angebracht. Nürnberg ist nicht arm an sehenswerter Architektur, aber das Gebäude der historischen Bratwurstküche Zum Gulden Stern ist etwas ganz Besonderes. Wahrscheinlich um 1375 erbaut, war es nach wechselvoller Geschichte zum Abriss freigegeben, als Martin Hilleprandt es 1980 erwarb. Mit erheblichem Aufwand und unter Mithilfe der Nürnberger Altstadtfreunde restaurierte er das Gebäude originalgetreu. Entstanden ist – mit viel Liebe zum Detail – ein einzigartiges Gasthaus. Urig, mit knarzendem Dielenboden, offenem Gebälk, niedriger Decke, heimeligen Butzenscheiben und wertvollen Zinnwaren, erinnert es an längst vergangene Zeiten. Gut 200 gemütliche Plätze verteilen sich auf zwei Etagen, manch fröhliche Familienfeier hat hier schon stattgefunden. Im Zentrum des Wirtshauses glüht der eiserne Rost über dem schwelenden Buchenholzfeuer. Die Original Nürnberger Bratwürste werden hier nicht, wie andernorts durchaus üblich, vorgegart, also gebrüht oder frittiert, sondern landen im Rohzustand auf dem Grillgitter. Das schmeckt der Gast natürlich. Und selbstverständlich wird hier keine Industrieware verwendet, Nürnberger Metzger liefern frisch nach altem Rezept. Es ist überhaupt verwunderlich, wie sehr in einer touristischen Attraktion wie dem Gulden Stern auf Frische, Regionalität und Tradition Wert gelegt wird. Die Suppen und der Kartoffelsalat werden täglich auf klassische Art zubereitet, das Sauerkraut kommt frisch aus dem Fass und das Rezept für den Meerrettich ist schon 150 Jahre alt. Gemüse, Kartoffeln, Meerrettichwurzeln und Feldsalat wachsen vor den Toren Nürnbergs im sogenannten Knoblauchsland, die Lieferanten sind Familienbetriebe aus der Region. Nicht zu vergessen die breite Auswahl an Getränken: Fassbiere, Wein und Edelbrände sind natürlich ebenfalls aus Franken – auch durstige Kehlen haben hier eine lange Tradition …

ZUM GULDEN STERN
Zirkelschmiedsgasse 26, 90402 Nürnberg
Telefon 09 11 / 2 05 92 88
www.bratwurstkueche.de

KOCHKUNST UND FOOD-TRENDS

WITTENSTEIN – Die Agentur für kulinarische Events

Koch-Workshops, Catering, Food-Blog und Restauration kriz – die Firma WITTENSTEIN hat so viele Facetten, dass sie nicht einfach in eine Schublade passt. Das liegt vor allem an Inhaberin Karin Wittenstein, die sich nicht auf ein Genre begrenzen mag. In ihrer „Agentur für kulinarische Events" hat sie deshalb ihre Kompetenzen gebündelt. Als klassische „Gastronomin" versteht sie sich dabei nicht, eher als „Genuss-Expertin". Schließlich ist sie als Autodidaktin vor über 20 Jahren in die Branche eingestiegen und hat ihr Hobby zum Beruf gemacht. Damals hat sie sich mehrmals im Jahr mit ihrem hellgrünen VW-Bus auf den Weg nach Italien gemacht, um Parmaschinken, Pecorino und Landweine aus Venetien zu importieren und in ihrem kleinen Feinkostladen mit Namen „Piccolino" zu verkaufen – er war der Ursprung der Firma WITTENSTEIN.

Heute bewirtet das WITTENSTEIN-Catering spielend Events mit mehreren hundert Personen, außer Haus oder im 130 m² großen Koch.Kunst.Raum mit Mietküche in der Nürnberger Weststadt. Dort finden auch die Koch-Workshops statt: Themenabende wie „Mit Hand und Liebe: Pasta und Sugo handgemacht" oder „Sugar, Sweets and Sunshine: The American Bakery lädt ein", aber auch kulinarische Firmen-Incentives, bei denen Chefs und Angestellte zusammen an einem Herd kochen.

Karin Wittenstein führt ihr Unternehmen mit viel Leidenschaft und einem Gespür für aufkommende Trends. Als die ehemaligen AEG-Werkhallen wiederbelebt wurden, war sie sofort von der urbanen Atmosphäre des Industriegeländes angetan und hat ihr Unternehmen in einer lichtdurchfluteten Etage dort einquartiert. Außerdem gründetet sie zusammen mit der Journalistin Magdalena Ulrich den Food-Blog „cookionista Koch.Kunst.Magazin". In der Kolumne „Foodie Friday" veröffentlicht die Genuss-Expertin jeden Freitag kostenlos ein köstliches Rezept zum Nachkochen und bei den Fotos, die vom Nürnberger Fotograf Knut Pflaumer für cookionista geschossen werden, ist sie als Food-Stylistin tätig.

BIRNENSUPPE WILLIAMS CHRIST
Dieses Rezept finden Sie auf der Seite 49

Auf die Frage, wofür ihr Herz schlägt, antwortet die Unternehmerin: „Kochen, Kunst und Design sind meine großen Leidenschaften". Mit ihrem jüngsten Projekt, der neu eröffneten Restauration riz im zumikon in St. Johannis, hat sie eine ideale Location dafür gefunden. Die Pläne für das zumikon-Gebäude am Pegnitzufer stammen vom Schweizer Architekten und Designer Max Bill, einer Design-Ikone, dessen sachlich-klare Bauhaus-Handschrift sich durch die Ausstellungs- und Restaurant-Räume im zumikon zieht. Geschäftspartnerin Astrid Verleger leitet die Restauration und die WITTENSTEIN-Küche kocht: Zmittag, Gabelbissen und Apéro stehen auf der Karte – von der Schweizer Küche inspirierte Köstlichkeiten. Im Sommer ist der wunderschöne Garten am Fluss geöffnet und das riz wird auch für private Feste und Events samt Garten vermietet.

Und wo geht's in der Zukunft hin? WITTENSTEIN, die Agentur für kulinarische Events wird vermehrt Kochreisen und Gourmet-Wochenenden anbieten – in diesem Sommer geht es zum „Wandern, Kochen und Genießen" nach Kärnten und zum „Kulinarischen Trend-Scouting" in die Foodie-Szene von Berlin. Auch ein Online-Shop für Food- und Lifestyle-Produkte ist in Planung. Einen Traum, verrät Karin Wittenstein, möchte sie sich außerdem bald noch verwirklichen: Ein Kochbuch mit den Rezepten ihrer „Foodie Friday"-Kolumne.

WITTENSTEIN –
DIE AGENTUR FÜR KULINARISCHE EVENTS
Muggenhofer Straße 136, 90429 Nürnberg
Telefon 09 11 / 88 81 61
www.wittenstein-tafelfreuden.de

COOKIONISTA KOCH.KUNST.MAGAZIN
redaktion@cookionista.com
www.cookionista.com

RESTAURATION RIZ IM ZUMIKON
Großweidenmühlstraße 21, 90419 Nürnberg
Telefon 09 11 / 88 81 61
www.r-i-z.de

FÜR IMMER URLAUB …

… im Tanzhaus Reichelsdorfer Keller

GESCHMORTES UND KURZGEBRATENES VOM
HIRSCH AUF ZWEIERLEI PÜREE
Dieses Rezept finden Sie auf der Seite 52

Den Alltag vergessen, unbeschwert entspannen, mit netten Menschen feiern, tanzen, exzellent essen und trinken. Ein Szenario, das an Urlaub erinnert. Wir befinden uns aber in Nürnberg, im Tanzhaus Reichelsdorfer Keller. Seit 1950 gibt es diese gastronomische Institution. Unter der Leitung von Ania und Ralf Beyer sonnt sie sich heute in neuem Glanz. Beeindruckend schon die schiere Größe des Areals, der Tanzsaal mit den beiden Bars bietet 350 Personen Platz, zusätzlich ist an den Wochenenden das Restaurant, die Kellerstube, geöffnet. An den Sonnentagen lädt der mediterrane Garten zum Verweilen – wunderschön angelegt, mit alten Olivenbäumen und Zypressen sowie stilvollen Stein- und Tonelementen fühlt man sich wie in Bella Italia. Was durchaus dem Faible der beiden herzlichen Gastgeber entspricht, auch auf der Speisekarte und im Weinkeller findet sich Erlesenes aus Italien. Ein Wort zur Küche: Ralf Beyer ist als gelernter Küchenmeister auch begeisterter Koch. Seine anspruchsvollen Kreationen lassen sich an den Wochenenden genießen, die Karte wechselt nach Saison, alle Zutaten zeichnet Qualität und Regionalität aus.

Ob Hochzeit, Geburtstag oder ein anderer schöner Anlass, die Kellerstube mit 65 Sitzplätzen und ein Teil des Gartens stehen auch für private Feierlichkeiten zur Verfügung. Mit einem Menü nach Wunsch und der Option, sich nach dem Essen unter die Tanzenden zu mischen, ist ein erfolgreiches Fest praktisch schon vorprogrammiert. Apropos Tanzen: Jeden Abend sorgen eine Liveband und ein DJ für Stimmung und die richtigen Rhythmen. Die Bands wechseln alle vierzehn Tage, was immer wieder neuen Schwung ins Partyleben bringt. Bewegung und Musik, vom Salsaabend über Zumba bis hin zum klassischen Tanz spannt sich das abwechslungsreiche Programm. Der aktuelle Veranstaltungskalender findet sich in Flyern und Plakatanschlägen sowie auf der schön gemachten Homepage des Hauses. Tanzen, Essen, Trinken und Lachen – den Alltag zum kleinen Urlaub machen im Tanzhaus Reichelsdorfer Keller …

REICHELSDORFER KELLER
Familie Beyer
*Georg-Stefan-Str. 53, 90453 Nürnberg
Telefon 09 11 / 63 61 69
www.reichelsdorfer-keller.de*

FAIRE BOHNEN

Espressone – die regionalen Kaffeespezialisten

Für Kaffeeliebhaber ist Cadolzburg eine zentrale Adresse in der Region. Espressone, so heißt die dort ansässige fränkische Premium-Rösterei von Reiner Sulzer. Das geschmackliche Aha-Erlebnis seiner Kaffees beruht auf den strengen Qualitätskriterien der Röstervereinigung „Deutsche Röstergilde". Ein zentrales Prinzip ist die faire Bezahlung der Bauern, um deren Existenzgrundlage zu sichern. Dies garantiert eine hochwertige Rohware von gleichbleibender Qualität. Schließlich müssen die Kaffeekirschen in sorgfältigster Handarbeit geerntet, gewaschen und getrocknet werden – eine aufwendige Prozedur. Und während industriell gefertigter Kaffee schnell, heiß und in großen Mengen geröstet wird, geht Espressone genau den umgekehrten Weg. Kleine Mengen werden im Niedrigtemperaturverfahren schonend behandelt. Das schmeckt und merkt der Kenner natürlich, denn nur so wird das volle Aroma der Bohnen erschlossen und der Kaffee besonders bekömmlich. Es werden verschiedene Espressone-Mischungen (Blends) aber auch sortenreine, charakterstarke Länderkaffees in vielfältigen Geschmacksnuancen und natürlich in Bio- und Fairtrade-Qualität angeboten. Jeder Kaffeeliebhaber dürfte so schnell seinen persönlichen Favoriten entdecken. Apropos persönlich: Schon ab geringen Mengen kann der eigene Lieblingskaffee unter einer individuellen Marke verpackt werden, eine originelle und anspruchsvolle (Geschenk-)Idee. Auch die beliebten Pads gibt es mittlerweile, sie garantieren die stets perfekte Dosierung des Mahlgutes. Viele Produkte von Espressone sind via Online-Shop bestellbar, die große Auswahl an schönen Maschinen ist allerdings nur vor Ort zu bewundern: italienische Alukannen, chromglänzende Siebträgermaschinen, Vollautomaten, Padmaschinen, Kaffeemühlen sowie eine Vielzahl an schönem und nützlichem Zubehör. Das Angebotsprofil runden Kaffee-Seminare und Barista-Kurse ab und sollte mal etwas kaputt gehen, ist der hauseigene Reparaturservice zuverlässig zur Stelle. Faire Bohnen, faires Geschäft.

MILCHREISFLAMMERIE MIT ESPRESSO-
TONKABOHNEN-SAUCE
Dieses Rezept finden Sie auf der Seite 53

ESPRESSONE
Reiner Sulzer
Am Farrnbach 7, 90556 Cadolzburg
Telefon 0 91 03 / 71 33 20
www.espressone.de

ALTES FORSTHAUS

Köstliches erstklassig genießen

DUETT VOM KANINCHEN MIT VANILLEKAROTTEN
Dieses Rezept finden Sie auf der Seite 54

Das Alte Forsthaus ist eine junge kulinarische Adresse in Fürth. Mit – wie sich bereits deutlich abzeichnet – einer großen Zukunft. Bereits ein Jahr nach Gründung wurde der renommierte Guide Michelin auf das Haus aufmerksam und verlieh eine seiner begehrten Auszeichnungen. Ein Ritterschlag für das Betreiberteam. Tim Melzer und Fritz Schuster haben die gleiche Vorstellung von Gastronomie. Fair und anspruchsvoll soll sie sein, in Küche und Keller. Und die beiden haben das Zeug, ihre Vorstellungen auch umzusetzen. Tim Melzer ist für den Service verantwortlich. Jung an Jahren, ist er reich an gastronomischer Erfahrung. Der Schindlerhof in Nürnberg, der Stanglwirt in Österreich, die Sansibar auf Sylt und das Kreuzfahrtschiff MS Europa waren Stationen des smarten Restaurantmeisters. Ein weltläufiger und aufmerksamer Gastgeber, souverän und zuvorkommend in Beratung und Service. Sein Partner Fritz Schuster komponiert in der Küche. Seine Ausbildung hat er in Sterne-Häusern Baden-Württembergs absolviert und für viele Jahre war er an den besten Adressen des Städtedreiecks Nürnberg, Fürth und Erlangen kreativ – sein Name entlockt den hiesigen Kollegen ein respektvoll anerkennendes Nicken. So ist dann auch die Karte im Alten Forsthaus eine stete Versuchung. Aufgeteilt ist sie in die vierteljährlich wechselnden Forsthaus-Klassiker und die marktfrischen Tagesangebote. Ein begehrter Vorspeisen-Klassiker ist zum Beispiel Blutwurst „Rossini": gebratene Entenstopfleber, geröstete Blutwurst, glacierter Apfel und Trüffeljus – das ist überzeugend und macht neugierig auf mehr. Vielleicht auf ein krosses Zanderfilet auf Erbsencreme, dazu hausgemachte Kalbskopftortellini und danach Topfen-Nougatknödel auf lauwarmen Zwetschgenröster. Mittags wird ein Lunch-Menu angeboten und am Sonntag ist Bratenzeit. Die Weinkarte ist international, deutsche und regionale Tropfen überwiegen. Auch Feste werden im Alten Forsthaus ausgerichtet, stets nach der Devise: Köstliches erstklassig genießen ...

ALTES FORSTHAUS
Tim Melzer, Fritz Schuster
Cadolzburger Straße 75, 90766 Fürth
Telefon 09 11 / 37 30 04 36
www.altesforsthaus-fuerth.de

GOLDENE BRATWURST

Der Dorfmetzger Reck ist ausgezeichnet

Vor den Städten und Gemeinden warten auf der grünen Wiese die Discounter auf ihre Kunden. Das mag Vorteile haben, lässt aber den fußläufig zu erreichenden Lebensmitteleinzelhandel in den Zentren aussterben. Kleine, unabhängige Handwerker des Genusses haben es schwer heutzutage. Jürgen Reck hat es trotz aller Schwierigkeiten geschafft. Seine Dorfmetzgerei in Möhrendorf, ganz in der Nähe von Erlangen, ist ein durchschlagender Erfolg. Qualität heißt wie so oft das Zauberwort. Qualität bei der Rezeptur, Qualität bei der Herstellung, Qualität bei der Vermarktung und nicht zuletzt die Qualität der regionalen Zutaten. Denn Jürgen Reck weiß sein Können durchaus ins rechte Licht zu rücken, er sucht den Vergleich mit Kollegen aus aller Welt. Und setzt sich durch. Der jährliche Fleischer-Fachwettbewerb der niederländischen Confrérie des Chevaliers du Goute-Andouille de Jargeau gilt als einer der anspruchsvollsten in Europa. Die internationalen Juroren haben sich der Förderung handwerklicher Wurst- und Schinkenspezialitäten verschrieben und veranstalten seit 1981 einen internationalen Fachwettbewerb, bei dem sich die besten Metzger Europas in ihrer Kunst messen. Grundsätzlich stellten die Prüfer beim 31. Wettbewerb dieser Art fest, dass die Qualität handwerklich hergestellter Wurst- und Schinkenspezialitäten deutlich angestiegen sei, und dass es immer schwieriger werde, sich gegen die Kollegen im Kampf um die Meisterschaft durchzusetzen – oft gehe es bei der Bewertung um Zehntelpunkte. Umso erfreulicher, dass Jürgen Reck 2012 mit der „Goldenen Bratwurst" für die beste Bratwurst Deutschlands ausgezeichnet wurde. Ein Erfolg, der ihn eher anspornt als übermütig macht. Er weiß eben, was er kann: „Ich mache einfach gute Wurst". Probieren lassen sich seine Kreationen in seiner Dorfmetzgerei in Möhrendorf und in der Nürnberger Filiale in der Färberstraße.

Oder man nimmt den ausgezeichneten und kreativen Partyservice in Anspruch und serviert seinen Gästen Deutschlands beste Bratwurst ...

FRÄNKISCHE BRATWÜRSTE MIT SAUERKRAUT
ODER BAYRISCH KRAUT
Dieses Rezept finden Sie auf der Seite 55

DER DORFMETZGER
Jürgen Reck
Frankenstr. 33, 91096 Möhrendorf
Telefon 0 91 31 / 4 08 65 55
www.derdorfmetzger.de

ALTES BÄCKERHANDWERK

Über 100 Jahre Backhaus Lederer

FRISCHKÄSE MIT LAUCH UND KAROTTEN
AUF HEMBACHTALER STEINOFENBROT
Dieses Rezept finden Sie auf der Seite 56

Mehl und Trinkwasser – die Grundzutaten für einen Natursauerteig. Hergestellt in einem traditionellen, handwerklichen Verfahren. Mit über hundertjähriger Erfahrung in der Reifung des Teiges, der notwendigen Ruhezeit und ausreichenden Bewegung, der nicht zu kühlen Temperatur und des exakten Säuregrades. So entsteht der wichtigste Faktor für das ausgezeichnete Brot des Backhauses Lederer in Rednitzhembach. Manfred und Birgit Lederer führen das Haus in nunmehr vierter Generation und hegen und pflegen den reichen Fundus an überlieferten Rezepten. Der weithin bekannte Klassiker im Sortiment der Lederers ist das Original Hembachtaler Steinofenbrot. Aus dem beschriebenen Natursauerteig zu großen Laiben geformt, wird es im Steinofen doppelt gebacken und erhält so seine saftige Krume und zartresche Kruste. Im Gegensatz zu industriell gefertigter Ware verdirbt ein handwerkliches Brot nicht so schnell, sondern bewahrt sich seine Saftigkeit über eine lange Zeit. Wenn ein Brot noch länger haltbar sein soll, greift der Kenner bevorzugt zu Knäckebrot – einer weiteren Spezialität aus Rednitzhembach. Die Knusperscheiben werden aus regionalem Weizenvollkornmehl hergestellt und wurden von der Vereinigung der Backbranche mit Gold prämiert. Geschmacksrichtungen wie Chili, Bärlauch, Käse-Kürbis oder Tomate-Basilikum lassen Käse oder Wurst fast überflüssig erscheinen – die schlanke Linie lässt grüßen. Eine drohende Unterzuckerung wird zuverlässig mit dem süßen Sortiment des Backhauses vermieden. Vor allem die Klassiker nach altem Familienrezept sind hier auffällig. Schneeballen – wer kennt die noch? Oder die in Franken „Schuhsohlen" genannten Teeblätter aus feinstem, zart-splittrigem Blätterteig, gefüllt mit frisch geschlagener Sahne. Doppelt leckere Eierlikörtorte. Überhaupt Torten – sie können ganz individuell nach Kundenwunsch hergestellt werden. In allen möglichen Formen, mit Schrift, Fotomotiv oder Schwabacher Blattgold verziert. Wer jetzt Appetit verspürt: Es gibt einen Onlineshop.

BACKHAUS LEDERER
Familie Lederer
Rother Straße 5, 91126 Rednitzhembach
Telefon 0 91 22 / 6 36 40
www.backhaus-lederer.de

GMÜDISCHIWU

Phantasievolle Wurst in Burmann's HofundLaden

I m Alter von 30 Jahren war es Martin Burmann leid, die gut gehegten Schweine seines Bauernhofes in fremde Hände zu geben. Das Fleisch der Tiere ist durch Strohhaltung, viel Auslauf und der Fütterung mit Kartoffeln nämlich etwas ganz Besonderes. Also absolvierte er kurzerhand eine Ausbildung zum Metzgermeister und schlachtet und verarbeitet seine Tiere seitdem selbst. Nach seiner Devise müssen manchmal gewohnte Verhaltensweisen verlassen werden, um neue Geschmackserfahrungen zu machen. Und eine gesunde Ernährung ist ihm ein besonderes Anliegen. Burmanns Kreationen zeichnet ein kreativer Zutatenmix sowie eine phantasievolle Namensgebung aus. Wenn zum Beispiel auf dem Etikett Gmüdischiwu steht, ist das die naheliegende Abkürzung für Gemüse-Dinkel-Schinken-Wurst. Nur erhältlich bei Martin Burmann. Das gute Fleisch seiner Schweine mit qualitativ überragenden Zutaten zu verarbeiten, ist Programm. So entsteht aus den Kürbiskernprodukten der Familie Schnell eine Kürbiskernwurst oder gar eine Kürbisschokowurst.

Für eine Kundin aus Frankreich werden speziell französische Bratwürste erfunden, hier darf kein Majoran enthalten sein. Auch eine fränkische Version der norddeutschen Pinkel ist im Sortiment – in südlichen Gefilden sonst kaum zu finden. Zusammen mit dem Nürnberger Senf(t)laden entstand die Blaukrautweißwurst mit Blaukrautsenf, und was Bäreier sind, soll hier nicht verraten werden. Unterm Strich ist es kein Wunder, dass der Partyservice von Burmanns HofundLaden heiß begehrt ist: Nirgendwo sonst können Gäste mit solch fränkischer Exotik überrascht werden.

Doch im Hofladen gibt es natürlich auch noch andere leckere Dinge: Fleisch vom Rind, Lamm, Wild und Geflügel, Obst aus Gustenfelden, Kartoffeln aus eigenem Anbau, Eier von freilaufenden Hühnern, Holunderprodukte aus dem schwarzen Holunder der Erzeugergemeinschaft Frankenholunder, Schnells Kürbiskernprodukte und vieles mehr. Und weil das Schreiben hungrig macht, gönnt sich der Autor jetzt ein „Schloudengala" ...

HONIG-SENF-KRUSTENBRATEN
Dieses Rezept finden Sie auf der Seite 56

BURMANN'S HOFUNDLADEN
Martin Burmann
Heidenbergstr. 12, 91154 Roth-Pfaffenhofen
Telefon 09171 / 6 34 13
www.hofundladen.de

GENIESSEN IM GEWÖLBE

In Zöllner's Weinstube verbindet sich moderne Küche mit edlen Weinen

REHRÜCKEN MIT PFEFFERJUS,
KARAMELLISIERTEM WURZELGEMÜSE
UND ROSENKOHLBLÄTTERN
Dieses Rezept finden Sie auf der Seite 57

Das bildschöne, historische Anwesen der Familie Zöllner in Sigritzau, einem kleinen Fachwerkweiler vor den Toren Forchheims, stammt aus dem Jahr 1780 und ist beliebt bei Weinliebhabern und Gourmets aus nah und fern. Horst und Renate Zöllner haben den bezaubernden Gewölbekeller über Jahrzehnte auf hohem Niveau etabliert, was die zahlreichen Stammgäste des Hauses zu schätzen wissen. Der Sohn des Hauses, Johannes Zöllner, entdeckte während seiner zehnjährigen Wanderschaft unter anderem bei den Sterneköchen Dieter Müller, Heinz Winkler und Michael Hoffmann seine Liebe für die mediterrane Küche. In der ambitionierten und raffinierten Küche des Juniors kommen daher vor allem Kräuter aus dem eigenen Garten, Saisonales wie Morcheln, Spargel, Steinpilze, Wild und Edelfisch, zum Beispiel bretonischer Seeteufel, Rochenflügel oder Wildlachs zum Einsatz – eine Aromenvielfalt für den Gaumen. Eine entspannende Abwechslung für Vater und Sohn des Hauses ist die Leidenschaft für das Sammeln von Pilzen und Morcheln, und wann immer es die Zeit zulässt, geht es daher gemeinsam in die heimischen Wälder. Küchenmeister Johannes Zöllner legt großen Wert auf eine hervorragende Produktqualität. So entstehen Gerichte, die sich alle drei bis vier Wochen kulinarisch auf der Karte abwechseln, wie frische Steinpilze in Pergament gegart mit jungem Knoblauch & Kräutern, gegrillte Jakobsmuscheln in Limonen-Mandelbutter, Kapern, Oliven, Tomaten & Kartoffelolivencreme, Bretonischer Rochenflügel auf Meeresfrüchterisotto & Limonenschaum oder Fasanenbrust mit Wacholderjus, Champagnerkraut und gebratener Polenta. Die hervorragende Weinauswahl auf der Karte ist bemerkenswert und spiegelt zugleich die gekonnte Verbindung edler Weine renommierter Weingüter mit einer modernen Küche wider. Familie Zöllner steht dabei für sympathische und bodenständige Gastgeber mit einer ausgeprägten, kulinarischen Leidenschaft.

ZÖLLNER'S WEINSTUBE
Familie Zöllner
Sigritzau 1, 91301 Forchheim
Telefon 0 91 91 / 1 38 86

REZEPTE

REHRÜCKEN AUS DEM SPESSARTWALD
Käfernberg, Seite 18

ZUTATEN FÜR 4 PERSONEN
880 g Rehrückenfilet, frischer Rosmarin, Salz, Pfeffer,

KRUSTE
*120 g Walnusskerne, 2 Scheiben Toastbrot ohne Rinde,
20 g Butter, 30 g Parmesan, 1 Eigelb, Chili, Pfeffer, Salz*

JUS
*Rehknochen vom Rücken, 1 große Karotten, 1/4 Sellerie,
1/2 Stange Porree, 8 Wacholderbeeren, 2 EL Senfsaat,
2 Lorbeerblätter, 30 g Mehl, 250 ml Spätburgunder,*

KÜRBISMOUSSE
*400 g Muskatkürbis, 1 Zwiebeln, 1 EL Sauerrahm,
30 g Butter, Salz, Pfeffer,*

KÜRBIS-RÖSTI
*150 g Muskatkürbis, 100 g Kartoffeln, 1/2 Apfel,
2 EL Haferflocken, 2 TL Honig, Rapsöl zum Backen,
Pfeffer, Salz*

ZUBEREITUNG
Das Rückenfilet leicht mit Pfeffer, Salz und frischem
Rosmarin würzen und von allen Seiten schön anbraten.
Für die Kruste die Walnusskerne im Mixer mit Toastbrot,
Butter, Parmesan, Eigelb, Pfeffer, Salz und etwa Chili zu
einer Paste pürieren. Das Filet mit der Walnusspaste
ummanteln und bei 180 °C circa 8 Minuten im Backofen
garen.

Mit den Knochen, Karotte, Sellerie, Porree, einem
Gewürzsäckchen mit Wacholderbeeren, Senfsaat Lorbeerblatt einen Jus ansetzen, mit Mehl abstäuben und mit
Spätburgunder ablöschen, leicht köcheln lassen, dann
abpassieren.

Für das Kürbismousse den Muskatkürbis mit den fein
gewürfelten Zwiebeln zu Püree kochen, mit Salz und
Pfeffer würzen, mit Sauerrahm verfeinern und mit kalter
Butter binden.

Für die Kürbis-Rösti Muskatkürbis, Kartoffeln und Apfel
reiben und mit Haferflocken binden. Mit Honig, Pfeffer
Salz abschmecken und kleine Rösti in Rapsöl ausbacken.
Kürbis-Rösti und Mousse auf dem Teller anrichten, Reh-
rücken tranchieren, an die Mousse anlegen und mit dem
Wildjus angießen.

SCHWEINEMEDAILLONS MIT BAMBERGER RAUCHBIERSAUCE, RAHMLAUCHGEMÜSE UND FÖRSTERINNUDELN
Le Méridien Grand Hotel Nürnberg, Seite 22

ZUTATEN FÜR 4 PERSONEN
8 Medaillons vom Schweinefilet à 80 g, 1 Karotte, 2 Schalotten, 1/2 TL Tomatenmark, 150 ml Bamberger Rauchbier, Butterschmalz zum Anbraten, Salz, Pfeffer

RAHMLAUCHGEMÜSE
350 g Lauch, 100 ml Sahne, etwas Butter, Salz, Pfeffer

FÖRSTERINNUDELN
240 g weiße Tagliatelle, 50 g Bauchspeck, 1 Schalotte, 160 g Pfifferlinge, Kümmel, gemahlen, etwas Butterschmalz, etwas frische Petersilie, Salz, Pfeffer

ZUBEREITUNG
Die Schweinemedaillons würzen und im heißen Butterschmalz von allen Seiten anbraten. Aus der Grillpfanne nehmen und im Backofen bei 130 °C circa 8 bis 10 Minuten fertig garen. Karotte und Schalotten würfeln und zum Bratansatz geben. Leicht anrösten, etwas Tomatenmark zugeben und nochmals leicht rösten. Mit dem Rauchbier ablöschen und sämig reduzieren. Durch ein Sieb gießen, zur Seite stellen und warm halten
Für das Rahmlauchgemüse den Lauch putzen und waschen, trocken tupfen und in feine Ringe schneiden. In Butter anschwitzen. Mit Salz und Pfeffer würzen, mit Sahne ablöschen und leicht reduzieren.
Für die Försterinnudeln die Tagliatelle in kochendem Salzwasser bissfest kochen und abgießen.
Bauchspeck und Schalotten würfeln und in Butterschmalz anschwitzen. Pfifferlinge dazugeben, und mit Salz, Pfeffer und etwas gemahlenem Kümmel würzen. Die Tagliatelle mit den Pfifferlingen mischen, zum Schluss frisch gehackte Petersilie dazugeben. Alles auf vorgewärmten Tellern anrichten.

BIRNENSUPPE WILLIAMS CHRIST
WITTENSTEIN – Die Agentur für kulinarische Events, Seite 30

ZUTATEN FÜR 4 PERSONEN
8 reife Birnen, 3 cm Ingwer, 2 Lauchzwiebeln, 800 ml Hühnerbrühe, 100 ml Kokosmilch, 1 TL Zitronensaft, 1 TL abgerieben Zitronenschale, 1 Messerspitze Cayennepfeffer, 1 TL Williams-Christ-Brand, 1 TL Sonnenblumenöl, Salz, Pfeffer

BIRNENCHIPS
1 Birne

ZUBEREITUNG
Die Birnen vierteln, das Kerngehäuse entfernen und die Birnen schälen. Den Ingwer schälen und in feine Würfel schneiden. Von den Lauchzwiebeln den grünen Teil abschneiden und den weißen Teil in Ringe schneiden. In einem Topf die Lauchzwiebelringe mit dem Ingwer in Öl andünsten. Die Birnen dazugeben und mit Hühnerbrühe aufgießen. Die Birnen 5 Minuten weich kochen. Die Suppe mit dem Pürierstab im Topf pürieren und durch ein Sieb streichen, zurück in den Topf gießen, die Kokosmilch zugeben und nochmals sanft erwärmen. Mit Zitronensaft, Zitronenschale, dem Cayennepfeffer sowie Salz und Pfeffer abschmecken. Nach Geschmack, die Suppe vor dem Servieren mit 1 Teelöffel Williams-Christ-Brand parfümieren. Die Birnensuppe kann warm oder kalt serviert werden. Zur Dekoration eignen sich hervorragend Birnenchips. Dazu hobelt man von einer Birne mit dem Hobel senkrecht feine Streifen ab. Der Hobel muss so eingestellt werden, dass die ganze Form der Birne erhalten bleibt. Diese Birnenscheiben legt man auf ein mit Backpapier ausgelegtes Blech und trocknet sie im vorgeheizten Backofen bei 140 °C circa 20 Minuten. Die fertigen Birnenescheiben sollen nur am Rand ganz leicht gebräunt sein.

REZEPTE

TAUBENBRUST MIT PETERSILIENCRÊPE, STEINPILZEN, SELLERIE-MOUSSELINE UND TRÜFFELJUS
art + business hotel, Seite 24

ZUTATEN FÜR 4 PERSONEN
2 Tauben, 200 g Steinpilze, 1 Bund Suppengemüse,
2 EL Tomatenmark, 250 ml roter Portwein,
500 ml trockenen Rotwein, 1 Knollensellerie,
500 ml Sahne, 3 Eier, 500 ml Milch, 2 EL Petersilienpaste,
etwas Mehl, Trüffel, Öl und Butter zum Anbraten, Salz,
Pfeffer

ZUBEREITUNG
Die Tauben ausnehmen, die Leber und das Herz beiseite-
legen. Die Taubenbrüste auslösen und ebenfalls beiseite-
legen.

Die restlichen Taubenknochen hacken und mit dem
geputzten und geschnittenen Suppengemüse in heißem
Öl anrösten. Das Tomatenmark kurz mitrösten und dann
mit dem Rotwein ablöschen.

Den Rotwein komplett reduzieren, mit Wasser auffüllen
und circa 2 Stunden köcheln lassen. Danach durch ein
feines Sieb passieren und zu einem kräftigen Jus herun-
terkochen.

Den Sellerie schälen und in Würfel schneiden. Mit Sahne
auffüllen und mit etwas Salz weich köcheln lassen. Die
Sahne abgießen und die Selleriewürfel fein pürieren.

Die Eier mit Milch, Petersilienpaste und etwas Salz und
Pfeffer verrühren. Dann gesiebtes Mehl dazugeben, bis
ein geschmeidiger Teig entsteht. In einer Pfanne farblose
Crêpes braten.

In einem kleinen Topf die klein geschnittene Leber und
Herz in Butter anbraten, leicht würzen. Den gehackten
Trüffel dazugeben und kurz mit anschwitzen. Mit Portwein ablöschen und reduzieren lassen. Den Taubenjus
darauf geben und abschmecken.

Die Steinpilze putzen, in einer heißen Pfanne scharf
anbraten und würzen.

Die Taubenbrüste würzen und ebenfalls in einer Pfanne
von beiden Seiten scharf anbraten. Im vorgeheizten Ofen,
4 Minuten bei 160 °C garen. Danach 2 Minuten an einem
warmen Ort ruhen lassen.

Die Steinpilze mit dem heißen Selleriepüree in einem
Ring anrichten.

Jeweils einen ausgestochenen Crêpe darauf geben.

Die Taubenbrust längs halbieren und das untere Teil in
einem Streifen vom Petersiliencrêpe einwickeln.

Alles zusammen anrichten und mit dem Jus begießen.

ROH MARINIERTE FORELLE, TOPINAMBUR, BERGAMOTTE UND SAUERKLEEMOLKE
Aumer's La Vie, Seite 26

ZUTATEN FÜR 4 PERSONEN

200 g Forellenfleisch in dünnen, großen Scheiben

BERGAMOTTEN MARINADE

1 Orange in Filets und Saft, 1 Limette in Filets und Saft, 1 EL Schalottenwürfel, blanchiert, 2 EL Olivenöl, 2 EL Limonen-Olivenöl, 1 EL Bergamotten Marmelade, 1/2 grüne Peperoni in feinen Würfeln, 25 g Schnittlauch geschnitten, Salz, Piment d'Espelette

TOPINAMBUR CREME

200 g Topinambur, 2 Schalotten, 4 Champignons, 2 Stangen Englischer Sellerie, 1 Knoblauchzehe, 100 g Butter, 400 ml Geflügelfond, 0,3 g Xanthan, 100 g Crème fraîche, 100 g Butter, etwas Limettensaft, Zucker, Salz, Piment d'Espelette

TOPINAMBUR-KRUSTELN

3 Knollen Topinambur, Öl zum Ausbacken

SAUERKLEE-MOLKE

100 g Waldsauerklee, 500 ml Trinksauermolke, 200 g grünes Apfelpüree von Boiron, 1 EL Zucker, 200 ml Apfelsaft, 2 Limetten (Saft), 0,5 g Xanthan, 1 g Chlorophyll, Salz,

GARNITUR

Sauerkleemolkedrops, Sauerkleeblätter

ZUBEREITUNG

Für die Bergamotten-Marinade die Orangen- und Limettenfilets hacken. Mit den restlichen Zutaten vermengen und nach Geschmack mit Salz und Piment d'Espelette abschmecken.
Die Scheiben vom Forellenfleisch damit marinieren.
Für die Topinambur-Creme Gemüse in Würfel schneiden und in Butter ohne Farbe anschwitzen. Mit Geflügelfond ablöschen und zum Sirup reduzieren. Die restlichen Zutaten dazu geben und fein mixen. Mit Limettensaft, Salz, Zucker und Piment d'Espelette abschmecken.
Für die Topinambur-Krusteln Topinambur schälen, fein raspeln und langsam in Öl ausbacken.
Für die Sauerklee-Molke alle Zutaten miteinander fein mixen und durch ein feines Sieb passieren.

REZEPTE

GESCHMORTES UND KURZGEBRATENES VOM HIRSCH AUF ZWEIERLEI PÜREE
Reichelsdorfer Keller, Seite 34

ZUTATEN FÜR 4 PERSONEN

600 g Hirschschulter , Röstgemüse (Zwiebeln, Karotte und Sellerie), 200 ml kräftiger Rotwein, 500 ml Wildfond, 1 EL Tomatenmark, 2 Zweige frischer Thymian, Öl zum Anbraten, Salz, Pfeffer

HIRSCHRÜCKENMEDAILLONS UNTER DER MANDELKRUSTE

400 g Hirschrücken ohne Knochen und Sehnen, 100 g Mandeln, 50 g Butter, 1 EL Crème fraîche, Öl zum Anbraten, Salz, Pfeffer,

SELLERIEPÜREE

1 Sellerieknolle, Gemüsebrühe, Zitronensaft, 4 EL Sahne, 1 EL Butter, Salz, Muskatnuss

LAUCHPÜREE

800 g mehlige Kartoffel , 200 g grüner Lauch, 50 g Butter, 100 ml Milch, 50 ml Sahne, Salz, Pfeffer

ZUBEREITUNG

Die Hirschschulter waschen, trocken tupfen und in etwa 100 Gramm große Stücke schneiden, salzen und pfeffern. Zwiebeln schälen, das Gemüse putzen und in grobe Stücke schneiden. Das Öl in einer Pfanne erhitzen und das Fleisch kräftig anbraten – herausnehmen und Zwiebel und Gemüse anbraten. Tomatenmark, Wildfond und Rotwein dazugeben. Das Ganze aufkochen lassen und bei

mittlerer Hitze 1,5 Stunden mit Deckel schmoren. Den Thymian zugeben und weitere 15 Minuten köcheln lassen. Gemüsestücke heraus nehmen und die Sauce mit Salz und Pfeffer abschmecken.

Mandeln im Mixer zu feinem Mandelmehl zerkleinern, mit weicher Butter und Crème fraîche vermengen und würzen. Hirschrücken in 100 g Medaillons schneiden, würzen und mit wenig Öl beidseitig anbraten, dann für 2 Minuten im Ofen bei ca. 130 °C rosa fertig braten. Die Mandelkruste zu 4 gleichen Bällchen formen und auf die Medaillons drücken und kurz goldbraun überbacken. Für das Püree den Sellerie würfeln und in Gemüsebrühe oder Salzwasser mit etwas Zitronensaft weich kochen. Danach im Mixer mit etwas Butter und Sahne pürieren, mit Salz und Muskatnuss abschmecken.
Kartoffeln grob würfeln und in leicht gesalzenem Wasser kochen.
Den Lauch in Salzwasser weichkochen, abseihen und mit dem Stabmixer pürieren.
Die Milch und Butter erhitzen und würzen. Die Kartoffeln abseihen, durch die Kartoffelpresse drücken. Die heiße Milch und das heiße Lauchpüree unterrühren.

MILCHREISFLAMMERIE MIT ESPRESSO-TONKABOHNEN-SAUCE
Espressone, Seite 36

ZUTATEN FÜR 4 PERSONEN

FLAMMERIE

250 g Milchreis, 400 ml Milch, 200 ml Sahne,
150 g Zucker, 50 g gehobelte, geröstete Mandeln,
5 cl Amaretto, 2 Blatt Gelatine, 200 ml Sahne

SAUCE

80 g Espressobohnen, 1/2 Tonkabohne, 300 ml Sahne
etwas Zucker

ZUBEREITUNG

Milchreis mit Milch, Sahne und dem Zucker aufkochen und dann bei geringer Hitze köcheln beziehungsweise ziehen lassen, bis der Reis weich ist. Öfter umrühren. Eventuell noch etwas Flüssigkeit dazugeben (abhängig vom Reis). Amaretto und Mandeln hinzufügen und dann die zuvor eingeweichte Gelatine in die warme Reismasse geben. Masse etwas abkühlen lassen und vorsichtig die geschlagene Sahne unterziehen. Masse abfüllen.

Für die Sauce alle Zutaten aufkochen und bei kleiner Flamme um die Hälfte reduzieren lassen.

REZEPTE

DUETT VOM KANINCHEN MIT VANILLEKAROTTEN
Altes Forsthaus, Seite 38

ZUTATEN FÜR 4 PERSONEN
KANINCHENFILET

2 Kaninchenrückenfilets, Butter, Salz, Pfeffer

GEFÜLLTER KANINCHENBAUCH

2 Bauchlappen vom Kaninchen, 2 Scheiben Toastbrot,
50 g Milch, 1 Ei, 1 Steinpilz

SAUCE

500 ml Geflügelbrühe, 10 ml Madeira, 1 Zwiebel,
20 g Tomatenmark, 1 Nelke, 1 Lorbeerblatt,
4 Wacholderbeeren, 1 Zweig Thymian, Salz, Pfeffer

VANILLEKAROTTEN

2 Karotten, 20 ml Portwein, 20 g Butter, 1 Zweig Estragon,
1 Vanillestange, Zucker, Salz

ZUBEREITUNG

Für den gefüllten Kaninchenbauch die Bauchlappen
plattieren
Aus den übrigen Zutaten eine Farce herstellen und in die
Lappen einrollen, ähnlich wie eine Roulade. Mit einem
Faden zusammenbinden und goldgelb anbraten.

Die grob geschnittene Zwiebel zugeben und ebenfalls
anbraten. Dann das Tomatenmark zugeben, anrösten und
mit Madeira ablöschen. Mit der Geflügelbrühe auffüllen,
die Gewürze zugeben und im Ofen bei 160 °C 2 Stunden
schmoren. Danach die Sauce durch ein feines Sieb gießen
und mit Speisestärke abbinden.
Für die Vanillekarotten die Karotten in gleichmäßige Stifte
schneiden und in der Butter leicht andünsten. Mit
Portwein ablöschen, Vanilleschote anschneiden und
auskratzen, den Inhalt (samt Schale) und dem Estragon
mit Salz und Zucker zugeben und mit Wasser bedeckt
weichkochen.
Die Kaninchenrückenfilets in der Pfanne kurz rosa
anbraten, leicht würzen und wie auf dem Bild zu sehen,
anrichten.

FRÄNKISCHE BRATWÜRSTE MIT SAUERKRAUT ODER BAYRISCH KRAUT
Der Dorfmetzger, Seite 40

ZUTATEN FÜR 4 PERSONEN

BRATWÜRSTE

12 Fränkische Bratwürste, etwas Schweineschmalz

SAUERKRAUT

750 g Sauerkraut, 1 Zwiebel, 1 Apfel,
60 g Schweineschmalz, 1 EL Zucker, 1–2 TL Kümmel
(nach Geschmack), 5 Wacholderbeeren, 1 Lorbeerblatt,
Salz, Pfeffer

BAYRISCH KRAUT

1 kg Weißkohl/Spitzkohl, 40 g Schweineschmalz, 100 g
Speckwürfel, 1 Zwiebel, 2 TL Zucker, 1–2 TL Kümmel,
250 ml Brühe oder Wasser, etwas Weißwein, Salz, Pfeffer

ZUBEREITUNG

Das Sauerkraut grob schneiden, die Zwiebel schälen und würfeln, den Apfel schälen und ohne Kerngehäuse vierteln. Das Schmalz erhitzen, die Zwiebel mit dem Zucker und den Apfelvierteln darin andünsten, nach und nach das Sauerkraut zugeben und unter beständigem Wenden 10 Minuten dünsten.

Dann die Gewürze zugeben, etwas Wasser zugießen. Zugedeckt etwa 1 Stunde dünsten; gelegentlich überprüfen, ob genügend Flüssigkeit im Topf ist. (Sauerkraut aus der Dose ist in 20 bis 30 Minuten gar).

Für das Bayrisch Kraut den Weißkohl oder Spitzkohl putzen, vierteln, fein schneiden oder hobeln und dabei den Strunk übrig lassen. Das Schmalz und die Speckwürfel in einem Schmortopf erhitzen. Die fein geschnittene Zwiebel mit dem Zucker und Kümmel darin andünsten, das Kraut unter beständigem Wenden mitdünsten.

Mit Brühe oder Wasser aufgießen, salzen und zugedeckt in etwa 30 Minuten weich dünsten. Mit Weißwein abschmecken.

Schweineschmalz in einer Pfanne erhitzen und die Bratwürste darin goldbraun braten. Übrigens: Gute Bratwürste brauchen weder Senf noch Meerrettich …

Dazu schmeckt ein frisches Bier – auch ein Alkoholfreies ist erlaubt.

REZEPTE

FRISCHKÄSE MIT LAUCH UND KAROTTEN AUF HEMBACHTALER STEINOFENBROT
Backhaus Lederer, Seite 42

ZUATEN FÜR 4 PERSONEN

HEMBACHTALER STEINOFENBROT

200 g Frischkäse natur, 200 Kräuterfrischkäse,
500 g Speisequark, 200 g Sahne, 2-3 Karotten,
1 Bund Lauchzwiebeln, Kräuter nach Geschmack,
Kräutersalz

GARNITUR

Paprika, Gurken, Radieschen, Kresse, Schnittlauch

ZUBEREITUNG

Frischkäse, Quark und Sahne miteinander verrühren. Die Karotten raspeln und die Lauchzwiebeln in dünne Ringe schneiden, dann beides unterheben. Mit Kräutersalz und Kräutern nach Belieben abschmecken. Hembachtaler Steinofenbrot in Scheiben schneiden, mit dem Frischkäse bestreichen und mit Paprika, Gurken, Radieschen, Kresse und Schnittlauch verzieren.

HONIG-SENF-KRUSTENBRATEN
Burmann's HofundLaden, Seite 44

ZUTATEN FÜR 4 PERSONEN

1,5 kg Schulterbraten, Hüfte oder Nuss mit Schwarte,
3 EL Senf, 3 EL Honig, 1 EL Balsamico-Essig, 1 TL Salz,
1 Flasche Alt- oder Schwarzbier, Crème fraîche nach
Geschmack, Kartoffelstärke oder Mehl zum Abbinden,
Paprika, Ingwer, Salz, Pfeffer

ZUBEREITUNG

Die Schwarte in kleinen Rauten einschneiden. Senf, Honig, Balsamico-Essig und Salz vermischen und den Braten damit einstreichen. Mit Pfeffer, Paprika und Ingwer würzen und dabei darauf achten, dass keine Gewürze auf die Schwarte kommen, da diese sonst verbrennt.
Das Fleisch in der Pfanne von allen Seiten kurz anbraten und anschließend in einer feuerfesten Form in den auf circa 140 °C vorgeheizten Backofen geben. Anschließend circa 75 Minuten braten.
Nach den ersten 15 Minuten im Ofen den Braten mit Bier ablöschen und weiter bräunen lassen.
Nach circa 60 Minuten die Schwarte mit dem Honig-Senf Gemisch einstreichen.
Zum Schluss den Backofen auf Grillen stellen und den Braten überkrusten. Den Braten beobachten, um sicher zu stellen, dass die Schwarte nicht verbrennt!
Anschließend Bratenfond abgießen und mit Crème Fraîche, Bier und Gewürzen abschmecken. Eventuell mit Kartoffelmehl oder Mehl binden.
Zu diesem einzigartigen Honig-Senf-Krustenbraten passen Kartoffelsalat und saisonaler Salat.

REHRÜCKEN MIT PFEFFERJUS, KARAMELLISIERTEM WURZELGEMÜSE UND ROSENKOHLBLÄTTERN
Zöllner's Weinstube, Seite 46

ZUTATEN FÜR 4 PERSONEN

REHRÜCKEN

600 g Rehrücken, ausgelöst und sauber pariert, Rosmarin, Thymian, 10 Wacholderbeeren, Knoblauch, 20 schwarze Pfefferkörner, 150 ml reduzierter Rehfond, etwas Sonnenblumenöl, etwas Butter, Meersalz, Pfeffer

WURZELGEMÜSE

Junge Möhren mit Grün, Petersilienwurzeln, Sellerie, Schwarzwurzeln, Gemüsefond, Puderzucker, Butter, Salz,

ROSENKOHLBLÄTTER

400 g Rosenkohl, 1–2 EL geschlagene Sahne

ZUBEREITUNG

Den Rehrücken in Öl und schäumender Butter anbraten. Mit Salz und Pfeffer würzen. Mit den frischen Kräutern, Wacholderbeeren und Knoblauch aromatisieren.

Aus der Pfanne nehmen und bei 130° C auf einem Gitter im Backofen rosa gar ziehen lassen.

Die Butter aus der Pfanne abgießen. Pfefferkörner kurz rösten und Rehfond angießen. Leicht einköcheln, passieren und warmhalten.

Das Wurzelgemüse schälen und in beliebige Segmente schneiden. Puderzucker goldgelb auflösen. Gemüse karamellisieren, mit Gemüsefond ablöschen, bissfest garen, mit Salz würzen und mit Butter glasieren.

Vom Rosenkohl die äußeren Blätter entfernen. Die hellgrünen Blätter abschälen, in Salzwasser kurz blanchieren und mit der geschlagenen Sahne durchschwenken.

Rosenkohl und das Wurzelgemüse anrichten. Den Rehrücken portionieren und daraufsetzen. Mit dem Pfefferjus nappieren.

Als Beilage passen Spätzle oder kleine Semmelknödel.

DINKELSBÜHL

Eine Stadt wie aus dem Bilderbuch

n Dinkelsbühl empfängt den Besucher keine Kulisse, sondern lebendige Gegenwart. Türme und Tore, verwinkelte Gassen und breite Plätze, die mauerbewehrte Altstadt, Wassergräben und Weiher formen ein Ensemble von europäischem Rang, eine der „am besten erhaltenen mittelalterlichen Städte Deutschlands".

Es gibt viel zu entdecken: die stillen Winkel und romantischen Ecken, den heiteren Charme der Altstadt und das lebendige Treiben der Märkte. Dinkelsbühl verträumt und beschaulich oder überschäumend und ausgelassen. Lichterglänzend zur Advents- und Weihnachtszeit, sommerfarbenbunt während der Kinderzeche im Juli oder einfach nur bezaubernd schön.

Eine Stadt, in der Vergangenheit lebendig ist.

Dinkelsbühl bietet jedoch mehr als steingewordene Geschichte. Sie lädt ein zum Spaziergang im Grünen rund um die alten Befestigungsanlagen, auf der Suche nach dem „Mauergeist" oder zu einem Besuch im Wörnitz-Strandbad, einem der letzten Flussbäder in Bayern. Im Zeughaus der Kinderzeche, einem einzigartigen, begehbaren Magazin wird das Brauchtum gepflegt und im „Haus der Geschichte – von Krieg und Frieden" kann der Gast in die spannende Inszenierung von über 900 Jahren Stadtgeschichte eintauchen. Das Museum ist seit Herbst 2008 im Alten Rathaus untergebracht, einem reizvollen Gebäudekomplex aus dem 14. bis 16. Jahrhundert, und erhielt vor Kurzem einen Anerkennungspreis für seine wegweisende, moderne Gestaltung und die ansprechende Dramaturgie.

Dinkelsbühl ist auch das Landestheater Franken-Schwaben, das rund ums Jahr ambitioniertes Schauspiel bietet und mit den Sommerfestspielen im Garten am Wehrgang einen Publikumsmagneten hat. Dinkelsbühl ist schließlich aber auch das historische Stadtfest und ein bezaubernder Weihnachtsmarkt im Hof des ehemaligen Spitals.

Dinkelsbühl schmeckt. Die Gegend um Dinkelsbühl ist seit Jahrhunderten eines der großen bayerischen Herkunftsgebiete des Karpfens. So viele Weiher, wie es Tage im Jahr gibt, sollen es einst auf dem Territorium der Reichsstadt gewesen sein. Am Dienstag und Freitag wurde damals ein Fischmarkt abgehalten und auch der Karpfen war bereits bekannt – schon 1341 ist von ihm die Rede. Nach altem Recht bekam jeder Bürger einen etwa zweipfündigen Karpfen als „Bürgerfisch" von der Stadt geschenkt. Seit 1660 wird eine Fischwoche erwähnt.

Noch heute umsäumen Fischteiche und naturnahe Bäche in schillernder Kette die Stadt an der Wörnitz. Wenn die Teiche jedes Jahr im Herbst abgefischt werden, bringt dies eine reiche „Fisch-Ernte". Einen kulinarischen Höhepunkt, der Anfang November die Liebhaber dieser gesunden und schmackhaften Lebensmittel in die Region lockt. Neben Karpfen wachsen auch Zander und Waller, Hecht und Schleie in den Gewässern heran.

Eine ebenso lange Tradition hat das „Hesselberg-Lamm", das die Hüteschäfer auf den Wacholderheiden und Magerwiesen am Hesselberg weiden. Ursprünglich wurden die großen Schafherden natürlich als Wolllieferanten für die Tuchherstellung in der mittelalterlichen Reichsstadt gehalten. Sie formten die sogenannten Hutungen mit der typischen Flora rings um Dinkelsbühl. Mittlerweile wissen viele Feinschmecker das zart-würzige Fleisch zu schätzen, das mehr und mehr Anhänger findet und daher auf vielen Speisekarten Einzug gefunden hat. Dazu ein frisch gezapftes Pils aus einer der heimischen Brauereien oder einen der berühmten Frankenweine.

Im Sommer verführt eine weitere Dinkelsbühler Spezialität zum Naschen. Auch wenn sie mittlerweile außerhalb der „fünften Jahreszeit", der Kinderzeche, angeboten werden, gehören die „Schneckennudeln" doch ureigentlich zu diesem sommerlich strahlenden Fest und kaum ein Haushalt in Dinkelsbühl, der nicht auf tradierte Rezepte schwört. Reichlich Butter oder Schmalz, Rosinen, Zitronat und Eier müssen auf jeden Fall in den Teig, der dann zur Schnecke aufgerollt im Rohr gebacken wird. Köstlich!

CHARMANTE LANDFLUCHT

Im Land der tausend Weiher – Landhotel 3Kronen

SCHOKOLADEN-HIMBEER-LASAGNE MIT
MEERRETTICH
Dieses Rezept finden Sie auf der Seite 92

Wälder, Wiesen, Weiher – der Aischgrund ist eines der bekanntesten Teichgebiete Deutschlands. Den mindestens ebenso berühmten Aischgründer Spiegelkarpfen probiert man am besten im Herzen von Adelsdorf, im Landhotel 3Kronen. Das alteingesessene Haus, seit über 300 Jahren im Familienbesitz, verfügt sogar über eine eigene Fischzucht – das garantiert besondere Qualität und überragende Frische. Kongenial zubereitet werden die gesunden Delikatessen vom 3Kronen-Küchenteam unter der Leitung von Marc-Andreas Meister und Felix DeGroot. Wobei der Karpfen nur eine Facette des kulinarischen Angebotes darstellt. Regionale fränkische Kost, aber auch nationale und internationale Spezialitäten stehen auf der saisonal wechselnden Karte. Besonders hervorzuheben sind die sogenannten „Meisterstücke", mit denen der Küchenchef seine Gäste überrascht. Christian und Petra Pöllmann sowie die Seniorchefs Waldemar und Rosemarie Schmitt führen das Haus familiär und herzlich, der dörfliche Stammtisch fühlt sich hier ebenso zuhause wie der Messebesucher aus Fernost. Die architektonische Entsprechung von rustikalem Charme und nonchalanter Eleganz findet sich gleich im Eingangsbereich des prächtigen Hauses: Die „Waldemar's" getaufte Lounge ist in all ihrer einladenden Gemütlichkeit verblüffend stilsicher – eine extravagante Interpretation der klassischen Hotellobby. Im Restaurant stehen vier unterschiedliche Gaststuben zur Auswahl, an lauen Sommerabenden lädt einer der schönsten Biergärten der Region zum Ausspannen ein. Große Veranstaltungen und Familienfeiern finden im Saal statt, einer weiteren, liebevoll modernisierten, architektonischen Sehenswürdigkeit aus der Jahrhunderte alten Tradition des Landhotels.

Die verkehrstechnisch gute Anbindung von Adelsdorf macht das Landhotel 3Kronen zur beliebten Adresse für Reisende aus aller Welt. Geschäftsreisende oder Künstler auf Tournee, wer hier übernachtet, schätzt die selbstverständliche Weltläufigkeit des Hauses – und wird nicht selten zum begeisterten Stammgast ...

LANDHOTEL 3KRONEN
Familien Schmitt und Pöllmann
Hauptstraße 8, 91325 Adelsdorf
Telefon 0 91 95 / 92 00
www.3kronen.de

KREATION FÜR DIE WALLFAHRER

Omas Blechkuchen von Dominika Brendel

REHSCHÄUFELE MIT PILZSAUCE
Dieses Rezept finden Sie auf der Seite 93

Die Basilika zur Heiligen Dreifaltigkeit in Gößweinstein ist mehr als ein beliebtes Ausflugsziel. Das von Balthasar Neumann erbaute barocke Gesamtkunstwerk hat eine magnetische Wirkung auf Wallfahrer und Touristen. Der beste Blick auf das prächtige Gotteshaus bietet sich von der Sonnenterrasse des Hotel Krone. In gekonnter Kombination von kreativem Geschick und alter Familientradition hat die Wirtin Dominika Brendel ihr geschichtsträchtiges Anwesen in ein wahres Schmuckstück verwandelt. Die Gästezimmer im Haupthaus sind noch original im Stil der 30er-Jahre, mit liebevollen Details, wohin das Auge blickt. Im Anwesen gibt es auch ein separates, modernes Gästehaus mit einem alt-fränkischen Kaminstüberl. Das großzügige Restaurant-Café mit etwa 60 Plätzen ist im klassisch-gemütlichen Ambiente gehalten; die Wirtin stellt ihr schönes Lokal auch gerne für Feste und Feierlichkeiten zur Verfügung. Die Küche ist fränkisch und bayerisch, ein Schäufele, eine Forelle oder eine Leberknödelsuppe schmecken immer, und wer nicht weiß, was „Zwetschgabamers" ist – unbedingt die Version von Dominika Brendel probieren. Das Angebot an vegetarischen Speisen ist ungewöhnlich groß und abwechslungsreich und wird stets frisch zubereitet. Ein anderes Spezialgebiet der Krone sind die hausgebackenen Kuchen und Torten. Das Kuchenbuffet der Hausherrin ist mittlerweile Kult – Wallfahrertorte, Schwarzwälder Kirsch, Apfelstrudel, diverse Windbeutel und viele leckere Blechkuchen nach Omas Art – die Auswahl ist riesig und verlockend. Hoch geschätzt werden auch die edlen, aus eigenem Obst destillierten Hausbrände – der eigens kreierte Wallfahrtsschnaps und die leckeren Flaschengeister von Mirabelle, Zwetschge, Birne oder Kirsche. Im Hotel Krone lohnt sich ein Besuch, nicht nur für Wallfahrer ...

HOTEL KRONE
Dominika Brendel
Balthasar-Neumann-Straße 9, 91327 Gößweinstein
Telefon 0 92 42 / 207
www.krone-goessweinstein.de

DELIKATE DESTILLATE

Preuschens Edelobstbrennerei ist noch ein Geheimtipp

SCHNELLER BIENENSTICH
Dieses Rezept finden Sie auf der Seite 93

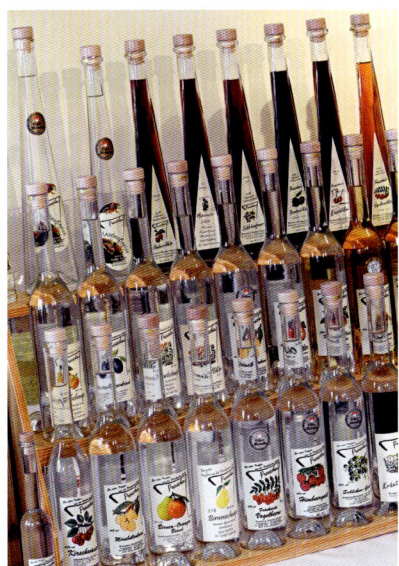

Seit 1968 gibt es „Preuschens Edelobstbrennerei" in Hundsboden, und an den Grundsätzen der Herstellung hat sich auch in der zweiten Generation nichts geändert. Was damals Maria und Richard Britting begonnen haben, setzen heute Tochter Rositta und ihr Ehemann Ludwig Erlwein fort: natürliche Qualität als oberste Maxime.

Entscheidend ist das Obst: Sorgfältige Pflege und Bewirtschaftung der eigenen Obstwiesen sind die Basis der unverfälschten Naturprodukte.

Aus den handverlesenen Früchten werden im Doppelbrandverfahren Roh- und Feinbrand gewonnen. Das Herzstück des Feinbrandes wird wie in alten Zeiten sensorisch, also mit der geschulten Nase, getrennt und reift zu „Preuschens Edelbrand". Wobei die sogenannten Zigarrenbrände ihre feinen Geschmacksnoten über Jahre im Eichenfass entwickeln. Mittlerweile ist das Sortiment der Edelbrennerei auf über 30 Sorten angewachsen, auch Liköre, wie Brombeer- oder Vogelbeerlikör, werden von den anspruchsvollen Kunden goutiert. Rositta Erlwein und ihr Vater tüfteln an immer neuen Geschmacksrichtungen, in ihrem Birne-Orangenbrand haben sie gar italienische und fränkische Früchte sensorisch vermählt.

Die geistvollen Köstlichkeiten der Preuschen brauchen sich vor den großen Namen der Destillateure also keinesfalls zu verstecken. Ganz im Gegenteil: Kleiner ist manchmal eben doch feiner. Zahlreiche Auszeichnungen und Prämierungen in Gold und Silber können das belegen, am besten jedoch probiert man selbst. Im liebevoll zur Probierstube umgebauten Kuhstall lässt sich zur deftigen Brotzeit oder beim hausgemachten Kuchen manch leckere Entdeckung machen. Auch Feste und Feierlichkeiten finden hier den passenden Rahmen.

Apropos festlich: Wer in Feierlaune gerne zu prickelndem Schaumwein greift, sollte unbedingt Rositta Erlweins fränkische Variante von probieren: Charlemagner. Ein edler, fein perlender Sekt aus alten Apfelsorten, in Ruhe gereift, handgerüttelt und mit Naturkork verschlossen. Ein unvergleichlicher Genuss purer fränkischer Natur.

PREUSCHENS EDELOBSTBRENNEREI
Familie Erlwein
Hundsboden 21a, 91349 Egloffstein
Telefon 0 91 97 / 16 98
www.preuschens.de

GESPÜR FÜR BIER

Im Landgasthof Fiedler wird der Gaumen doppelt überrascht

Markus Fiedler kann hervorragend kochen. Er legt zwar größten Wert auf die Feststellung, eine fränkisch-bodenständige Küche zu pflegen, aber unter uns: Seine Gerichte weisen schon das berühmte i-Tüpfelchen auf, das den wahren Meister zeigt. Zusammen mit der selbstverständlichen Herzlichkeit, mit der man hier empfangen wird, würde diese Kunst schon reichen, um eine Wirtschaft so erfolgreich zu machen, wie es „Der Fiedler" eben ist. Nun hat aber seine Frau Carmen ihr Gespür für das Bier entdeckt – und macht Erstaunliches daraus. Aber der Reihe nach: Zunächst hat sie ihr Talent sozusagen wissenschaftlich untermauert und sich zu Frankens erster und einziger Bier-Sommelière ausbilden lassen. Mit Diplom, versteht sich. Die Gäste des Hauses profitieren nun doppelt. Einmal von Markus' Kochkunst und nun auch von Carmens feiner Sensorik. In der Kombination ergibt das zum Beispiel ein Bierkulinarium: Carmen degustiert aus der circa 40 Sorten umfassenden Bierkarte eine Auswahl von heimischen und internationalen Spezialitäten, und Markus kocht das begleitende Menü. Dazu gibt es „Hopferol" und ein Bier wird „gestachelt" – was das alles ist und bedeutet findet man am besten selbst heraus. Hausmarke im „Fiedler" – und immer eine hervorragende Wahl – ist das ausgezeichnete Bier der Privatbrauerei Hofmann aus Pahres.

Die besondere Rolle der Getränke im Hause wird mit der „Edition Fiedler" unterstrichen: Jährlich wechselnde, leckere Tropfen von ausgesuchten regionalen Winzern, Brauern und Brennern. Tipp: Der „Fiedler-Franken-Secco", der perfekte Appetitanreger für die fränkische Küche.

Das Haus bietet mit Hauptraum, Wintergarten „Wirtstübla" und dem großzügigen Biergarten viel gemütlichen Platz, der gerne für Feierlichkeiten aller Art genutzt wird. Dafür gibt es neben dem schon erwähnten „Bierkulinarium" besondere Menüvorschläge oder beliebte Events wie BBQ, Fondueabend oder Candle-Light-Dinner. Alles natürlich getreu dem Motto: „Beim Fiedler spielt der Gast die erste Geige!"

LANDGASTHOF FIEDLER
Familie Fiedler
Oberroßbach 3, 91463 Dietersheim
Telefon 0 91 61 / 24 25
www.landgasthof-fiedler.de

OCHSENBACKEN IM BRAUMALZSUD
GESCHMORT MIT KARTOFFEL-SELLERIE-PÜREE
UND MARKTGEMÜSE
Dieses Rezept finden Sie auf der Seite 96

OASE DER ERHOLUNG

Der Schwarze Adler in Ulsenheim

GESCHMORTES REHSCHÄUFALA
MIT SILVANERBIRNE
*Dieses und ein weiteres Rezept
finden Sie auf den Seiten 94 und 95*

„Nichts ist so gefährlich wie das Allzu-modern-sein. Man gerät in Gefahr, plötzlich aus der Mode zu kommen." Dieser denkwürdige Ausspruch von Oscar Wild bedeutet für Bernd Meyer viel. Und wer als Gast in den Schwarzen Adler kommt, kann ihn wahrscheinlich verstehen. Von außen das typisch fränkische Wirtshaus, gemütlich, rustikal und umfassend modernisiert, zeigt es im Inneren ein stilvolles, klassisch-elegantes und zeitloses Ambiente. Bernd Meyer nennt seine Küche gutbürgerlich – von deftig fränkisch über mediterran bis international extravagant reicht die Bandbreite seiner Kreationen. Für viel Prominenz hat er schon den Kochlöffel geschwungen, seine Kunst hat sich mittlerweile weit herumgesprochen. Zu den Gaumenfreuden des Schwarzen Adler wird der Wein aus eigenem Anbau empfohlen, die individuelle Beratung ist ausgesprochen aufmerksam. Nach dem Essen lockt ein Spaziergang durch Ulsenheim, das zu den fränkischen Orten gehört, die ihre Entstehung der ersten fränkischen Landnahme verdanken. Die älteste urkundliche Erwähnung geht zurück auf das Jahr 1094, als der Edelfreie Altun von Ulsenheim den „Gunthardshof" dem Kloster Michelsberg bei Bamberg schenkt, um im Kloster das Begräbnis zu erhalten. Ulsenheim liegt am Ursprung der Gollach, einem kleinen Gewässer, das in früheren Zeiten dem fruchtbaren Gollachgau seinen Namen gab. Der Ort gehörte einst zum Herrschaftsbereich der Markgrafen von Brandenburg-Ansbach, dem auch die Inhaber der hiesigen Wirtschaft, heute zum Schwarzen Adler, zehntpflichtig waren.

Damals undenkbar, steht heute dem Gast eine moderne Wellnessoase zur Verfügung. Angenehmes Licht und ruhige Klänge empfangen den Erholungssuchenden. Entspannung pur in der Sauna, im Dampfbad oder unter der bunt schillernden Tropendusche. Anschließend finden sich im Schwarzen Adler auch gemütliche Zimmer zum Übernachten – jedes ist in einem anderen Stil einrichtet. Egal ob rustikales Himmelbett oder romantisches Barockzimmer, es warten wunderbare Träume …

LANDGASTHOF ZUM SCHWARZEN ADLER
Familie Meyer
*Ulsenheim 97, 91478 Markt Nordheim
Telefon 0 98 42 / 82 06
www.frankenurlaub.de*

URSPRUNG WEIN

Glocke – bodenständiges Wirtshaus, Weingut und Hotel in Rothenburg

SAURE NIERLE MIT SPÄTZLE
Dieses Rezept finden Sie auf der Seite 97

Rothenburg ob der Tauber hat ja durchaus zwei Gesichter. Da ist zum einen die mittelalterliche Idylle innerhalb der Stadtmauer. Winkelige Gässchen, Kopfsteinpflaster, plätschernde Brunnen, verhutzelte Häuschen, der Schlag der Kirchturmuhr und Geranienstöcke vor den Butzenscheiben der Sprossenfenster. Fast könnte man sich wie auf einer Zeitreise ins Mittelalter fühlen. Zum anderen sind da die kamerabehängten Menschen, die internationalen Besucher, die bevölkerten Gassen und Zufahrten des Städtchens, das Zweckfreie der Souvenirläden zum oft überteuerten Preis. Die Frage, was nun echt und was touristisch sei, treibt hier wohl jeden Besucher um.

Ein schönes Beispiel für das Echte und Ursprüngliche in der pittoresken, kleinen Stadt ist das Wirtshaus, Weingut und Hotel Glocke. Direkt am berühmten Plönlein, der vermutlich meistfotografierten Straßengabelung der Welt, liegt dieses Traditionshaus. Es wurde 1550 als Wirtshaus erbaut und seit 1898 verwöhnt Familie Thürauf hier die Gäste von nah und fern. Das Bodenständige aus Küche und Keller zu pflegen, war immer schon das Anliegen der Thüraufs. So kann man hier noch Gerichte finden, die anderswo längst aus der Mode gekommen sind. Dabei achtet der Küchenmeister auf frische Zutaten aus der fränkischen Region und in der Karte wird extra auf die etwas längeren Zubereitungszeiten der überlieferten Rezepte hingewiesen. Wer also Lust verspürt auf „Blaue Zipfl" im Zwiebel-Weinsud, „Krautwickel" mit Specksauce oder den Rindersauerbraten mit altfränkischer Lebkuchensauce – in der Glocke ist alles liebevoll hausgemacht.

In den behaglichen Wirtsstuben sitzen Einheimische und reisende Stammgäste an den weiß gescheuerten Holztischen, gediegene Handwerkskunst sorgt für stimmungsvolle Gemütlichkeit. 120 Restaurantplätze sind es insgesamt, verteilt auf drei Stuben. Auch Festlichkeiten und Tagungen finden hier ihren Platz. Und wenn es doch ein Schoppen mehr geworden ist, stehen 23 moderne Gästezimmer zur Verfügung.

Zu allen Zeiten war die Glocke auch der Pflege guten Weines verpflichtet. Zeitweise war der Glockenwirt zugleich Spitalkellermeister. Heute lebt Kellermeister Albert Thürauf den Wein. „Der Wein ist unter den Getränken das Nützlichste, unter den Nahrungsmitteln das Angenehmste und unter den Arzneien die Schmackhafteste" Diese Weisheit von Plutarch gilt für seine Erzeugnisse uneingeschränkt. Ursprünglich, herzhaft, kernig und unverfälscht, so sind seine Tropfen vom Main, Steigerwald und von der Tauber. Dabei ist die Glocke das südlichste Weingut Frankens, 10 Hektar werden insgesamt bewirtschaftet. Der Weinbau wird naturverbunden in Steillagen betrieben, der Ausbau erfolgt bevorzugt in traditionellen Eichenholzfässern. Ecken, Kanten und Eigenheiten zeichnen die Gewächse der Glocke aus. Diese Weine können viel erzählen, es sind Gewächse für Suchende, Lernende und Fortgeschrittene. Zunehmend geht Albert Thürauf dazu über, seine Weine unter dem Namen „Johann Thürauf" als Landwein anzubieten. Das Credo von Johann Thürauf, dem Besitzer der Glocke von 1898 war „Die Freiheit muss bestehen". Albert Thürauf nimmt sich heute diese Freiheit und verzichtet auf die üblichen Klassifizierungen. Ein mutiger und konsequenter Schritt, er überlässt damit dem Genießer seiner Tropfen das Vorrecht der Bewertung.

Seit 1971 wird ein Teil der Weine versektet, die Glocke ist der älteste Hersteller von Frankensekt. Sorten- und bodentypisch kommen sie daher und sind unverwechselbar wie die Weine des Hauses. Verkosten lassen sich sämtliche Köstlichkeiten aus Frankens südlichstem Weingut natürlich am besten vor Ort. Wein- und Sektproben werden angeboten, es gibt Themenverkostungen, geführte Weinbergswanderungen und komplette Arrangements rund um das Thema Wein. Im Weinladen „Bocksbeutel" und auf dem „Johanniterhof" wird direkt verkauft, auch ein Versand ist möglich.

Aktuelle Veranstaltungshinweise finden sich über den Internetauftritt der Glocke, Pflichtveranstaltung ist das Rothenburger Winzerfest …

GLOCKE
Familie Thürauf
Plönlein 1, 91541 Rothenburg o.T.
Telefon 0 98 61 / 95 89 90
www.glocke-rothenburg.eu

ANNO 1690

Besonderes Flair in der Goldenen Kanne in Dinkelsbühl

DINKELSBÜHLER KRAUTSACK
Dieses Rezept finden Sie auf der Seite 97

D inkelsbühl steht ja – touristisch gesehen – etwas im Schatten von Rothenburg. Ein Umstand, der sowohl Vor- als auch Nachteile birgt, in der Summe aber nicht gerechtfertigt ist.

Das mittelalterliche Städtchen blieb in beiden Weltkriegen unbeschädigt. Seine vollständig erhaltene historische Altstadt zählt zu den bedeutendsten Kulturdenkmälern in Europa. So gilt Dinkelsbühl als Inbegriff der deutschen Romantik und seine Einwohner leben ganz bewusst mit der Historie. Auch der Hotelfachmann Volker Brunk ist, obgleich kein Einheimischer, dem Charme der kleinen Stadt erlegen. Er betreibt seit fast 10 Jahren die Goldene Kanne, die seit 1690 als Hotel und Restaurant geführt wird. Natürlich hat er das Haus den modernen Erfordernissen angepasst. Die 21 Zimmer der Kanne sind ungewöhnlich groß, hell und mit jedem erdenklichen Komfort ausgestattet. Auch die Goldene Kanne bestechen durch hohe Decken und großzügige Fensterflächen, ein schöner Mix aus Tradition und Moderne. Die Küche setzt auf die Produkte der Region und auf den hauseigenen Garten. Obst, Kräuter, Tomaten und vieles mehr wird selbst angebaut, Pilze und Spargel bereichern die Karte je nach Saison. Auch die Fischzucht hat in Dinkelsbühl eine lange Tradition. Neben Karpfen wachsen Zander, Waller, Schleie, Forellen und viele andere Süßwasserfische in den Gewässern heran. Ein Fest für den italienischen Küchenchef Carmelo di Natale. Er kombiniert eine leckere Mischung aus mediterranen und fränkischen Einflüssen. Cross-over wäre vielleicht der moderne Begriff: Erlaubt ist was gefällt, Hauptsache es schmeckt. Authentisch-fränkisch wie der Dinkelsbühler Krautsack oder eine italienische Interpretation der fränkischen Forelle – es gibt viel zu entdecken. Sonderkarten wechseln über das Jahr, Hesselberger Lamm, Wild oder zu den herbstlichen Fischerntewochen der Fisch, bestimmen dann das Angebot. Gefeiert werden kann in der Kanne auch in großem Stil, für bis zu 500 Personen ist in dem benachbarten historischen Kornspeicher „Schranne" Platz.

GOLDENE KANNE
Volker Brunk
*Segringer Straße 8, 91550 Dinkelsbühl
Telefon 0 98 51 / 5 72 90
www.hotelgoldenekanne.de*

TREND & TRADITION

Gelebte Gastlichkeit im Wandel der Zeit

MARKIERTES RINDERFILET MIT STEINPILZ-
TOPPING AUF KARTOFFEL-TRÜFFELRÖSTI AN
WEISSEM PORTWEINSCHAUM
Dieses Rezept finden Sie auf der Seite 98

Tradition verpflichtet – ein Gasthaus, das schon rund 500 Jahre Geschichte erlebt hat, ist ein anspruchsvolles Erbe. Familie Bischoff in Neuendettelsau wird diesem Anspruch mehr als gerecht. Ihr Hotel Sonne wurde im Jahr 1881 von Willi Bischoffs Urgroßvater Johann Michael Bischoff gekauft und stellte damals als typisches Dorfwirtshaus einen Mittelpunkt des gesellschaftlichen Lebens dar. In der nunmehr vierten Generation führen Willi und Martina Bischoff den Landgasthof mit angeschlossenem Hotel und Tagungszentrum. Mit einem breitgefächerten gastronomischen Angebot, der guten Qualität der Produkte und Dienstleistungen und dem kompetenten Veranstaltungsmanagement hat sich die Sonne einen ausgezeichneten Ruf erworben.

Der Hausherr und Küchenchef legt überaus großen Wert auf eine innovative Küche mit Spitzenprodukten aus regionalem Einkauf, präsentiert von einem herzlichen und professionellen Service. Das Bayerische Ministerium für Landwirtschaft hat das Hotel Sonne dafür bereits mehrfach als Mittelfranken-Sieger im Wettbewerb „Bayerische Küche" ausgezeichnet. Die Karte richtet sich nach Angebot und Saison, als Mitglied im „Regionalbuffet" finden besonders frische und hochwertige Produkte aus der Region Verwendung und sorgen für hervorragende Qualität und besten Genuss. Dass die guten Produkte zu schmackhaften Gerichten werden, ist die Aufgabe des Kochs, meint Willi Bischoff. „Dem Essen eine Seele geben" – und aus den Produkten den eigenen Geschmack herauszubilden ist eine sehr reizvolle Berufung. Mit Erfahrung und Fingerspitzengefühl wird in der Sonne eine geschmackvolle Frischeküche gekocht. Empfänge, Hochzeitsfeiern, Geburtstage, Jubiläen und Firmenveranstaltungen waren seit jeher ein besonderer Schwerpunkt des Hauses. Mit dem Neubau aus dem Jahr 2012 erfährt das Angebot eine neue Dimension.

Anstelle des alten Sonnensaales entstand ein neuer Gebäudekomplex mit einem großen Tagungs- und Veranstaltungsbereich und 40 designorientierten Gästezimmern. „Eventos", so heißt das neue Veranstaltungszentrum des Hotel Sonne. Neben den bereits vorhandenen Konferenzräumen stehen nun sechs weitere Meeting- und Eventbereiche zur Verfügung.

Ein variables Raumkonzept auf 600 Quadratmetern ermöglicht Tagungen, Konferenzen, Meetings und Veranstaltungen im festlichen Rahmen für bis zu 300 Teilnehmer. Der beeindruckende neue Festsaal mit 350 Quadratmeter Fläche ist über vier Meter hoch, säulenfrei und raumhoch verglast. Mobile Raumtrennwände machen ihn variabel nutzbar. Der neue Sonnensaal ist mit innovativer audiovisueller Technik ausgestattet. Integrierte Leinwände, Beamer und ein intelligentes Lichtkonzept mit LED-Lichtdecken sorgen für optimale Arbeitsbedingungen. Die Lichtstimmung kann variabel angepasst werden, sodass das Ambiente der unterschiedlichsten Abendveranstaltungen unterstrichen werden kann. Alt- und Neubau werden mit einer großzügigen Lobby verbunden, der sogenannten S-Lounge. Diese offene Restaurant-Area ist konzipiert für Frühstücks-, Brunch- und Lunchbuffets sowie festliche Abend-Buffets.

Blickfang ist die stilvolle S-Bar, eine urbane Cocktailbar mit gemütlichen Sitzgruppen und einer Bibliothek. Die 40 neuen Hotelzimmer verteilen sich auf drei Stockwerke. Extra-komfortable Boxspringbetten, multimediale Flat-Screen-TV's, ein ausgeklügeltes Beleuchtungssystem und großzügige Schreibtische bieten nicht nur Business-Gästen ein ideales Zuhause auf Zeit.

Das gastronomische Gesamtkonzept der Familie Bischoff wird durch den harmonisch angefügten Neubau auf spektakuläre Weise bereichert – eine rundum gelungene Evolution der Gastlichkeit …

HOTEL GASTHOF SONNE
Familie Bischoff
Hauptstraße 43, 91564 Neuendettelsau
Telefon 0 98 74 / 50 80
www.hotel-gasthof-sonne.de

DAS ORIGINAL

Bergwirt – Landgasthof seit 1880

HAUSSPEZIALITÄT SAUERFLEISCH
Dieses Rezept finden Sie auf der Seite 99

Oberhalb von Herrieden, auf dem Schernberg, liegt der Traditions-Landgasthof Bergwirt. Seit 1880 ist das Haus im Familienbesitz und wird in der vierten Generation gastronomisch geführt. Das ehemalige Dorfwirtshaus namens Grüner Baum ist mittlerweile unter seinem Hausnamen Bergwirt in weitem Umkreis bekannt. Max Schneider hat es verstanden, sein Haus zu einem formidablen Landhotel zu bilden – immer im Bewusstsein der ursprünglichen Wurzeln. Es steht eine beeindruckende Anzahl von Räumen zur Verfügung. Neben der eigentlichen Wirtschaft gibt es den Großen und Seiltänzer-Saal, die Ofen- und Zirbelstube, das Kaminzimmer, den Holiday-Raum, den Wintergarten und das traditionelle Nebenzimmer sowie vier weitere Tagungsräume. Ob kleine Geburtstagsfeier, Hochzeit oder offizieller Parteitag, der Bergwirt schafft den richtigen Rahmen und berät mit viel Erfahrung.

Die große Beliebtheit des Hauses rührt hauptsächlich von der ausgezeichneten Küche. Es gibt Fränkisches und Internationales, deftige Vesper und Candle-Light-Dinner. Der Service ist aufmerksam und herzlich, die Atmosphäre familiär. Es ist eigentlich immer etwas los, vom Kabarett über Livemusik bis hin zur TV-Veranstaltung. Ruhe und Entspannung gibt es in der großzügigen Saunalandschaft im asiatischen Stil. Dazu 60 moderne Gästezimmer (130 Betten), darunter Besonderheiten wie die Las Vegas- und Honeymoon-Suite. In ruhiger Lage mit Ausblick und reichhaltigem Frühstücksbuffet im Flamingogarten bleiben hier keine Wünsche offen. Ideal für Geschäftsreisende und internationale Messebesucher aus Nürnberg an der A6 gelegen, bietet der Bergwirt auch für Urlauber, Radfahrer und Wanderer einen idealen Ausgangspunkt für die berühmten und schönen Ziele des romantischen Franken sowie das idyllische Altmühltal. Und am Abend sitzen alle vereint beim Bergwirt ...

LANDGASTHOF-HOTEL BERGWIRT
Max Schneider
Schernberg 1, 91567 Herrieden
Telefon 0 98 25 / 2 03 90
www.hotel-bergwirt.de

KREATIVE LANDWIRTSCHAFT

Alles im Fluss beim Demeterhof Schwab

BUCHWEIZEN-AMARANT-BRATLINGE MIT
KARTOFFELECKEN UND KRÄUTERQUARK
Dieses Rezept finden Sie auf der Seite 100

E s sind rund 1400 Landwirte in Deutschland, die biologisch-dynamischen Anbau nach den Richtlinien des Demeter-Verbandes betreiben. Die gedankliche Basis dieser Anbauform stammt von Rudolf Steiner, dem österreichischen Philosophen und Anthroposophen. Er nannte seine Erkenntnisse „geisteswissenschaftliche Grundlagen zum Gedeihen der Landwirtschaft" – es geht, verkürzt dargestellt, um das harmonische Miteinander von Menschen, Tieren, Pflanzen, Erde und Kosmos, und als Konsequenz daraus um die Erzeugung unbelasteter Lebensmittel. Bereits 1983 haben Hans und Martha Schwab ihren Hof im Windsbacher Ortsteil Suddersdorf auf biologisch-dynamischen Anbau umgestellt – man darf sie also mit gutem Gewissen als Demeter-Pioniere bezeichnen. Mittlerweile führen Sohn Andreas und seine Frau Michaela den Betrieb, pflegen das Bewährte und probieren Neues. Schwerpunkt ist nach wie vor der Kartoffel- und Getreidebau, seit einigen Jahren erfolgt eine Spezialisierung auf wertvolle Öl- und Getreidesaaten.

Ein kleiner Hofladen wurde eingerichtet, in dem neben Produkten aus eigenem Anbau auch biologische Erzeugnisse aus befreundeten Betrieben angeboten werden. So gibt es neben Getreiden, Ölen und Mehlen auch Wurst, Käse, Brot, Eier, Molkereiprodukte, Gemüse, Obst und vieles mehr. Ein schönes Detail ist die Müsli-Bar, wo sich die Kundschaft aus einer Vielfalt an Flocken, Flakes, Popkorn, Nüssen, Ölsaaten, Beeren und anderen leckeren Zutaten ein höchst individuelles Müsli zusammenstellen kann. Der kleine Laden dient natürlich auch dem direkten Kontakt mit den Kunden – da werden nicht nur Rezepte ausgetauscht, sondern auch ganz neue Produktideen kreiert. Aktuell beeindruckt zum Beispiel der Wachteleierlikör mit Bourbon Vanille – eine wahrlich rare Köstlichkeit. Wer außerhalb des Einzugsgebietes von Suddersdorf wohnt, muss auf die gesunden Produkte der Familie Schwab keinesfalls verzichten: Unter dem Motto „Lebensmittel mit Charakter" gibt es einen informativ gestalteten Online-Shop.

DEMETERHOF SCHWAB
Familie Schwab
Suddersdorf 25, 91575 Windsbach
Telefon 0 98 71 / 4 77
www.demeterhof-schwab.de

HERVORRAGENDE STEAKS …

…brät Christian Pfleger im Landgasthof Schwarz

ROSA GEBRATENER REHRÜCKEN, STEINPILZE
UND KARTOFFEL-KÜRBISKÜCHLE MIT HANF
Dieses Rezept finden Sie auf der Seite 101

Aber das ist natürlich noch längst nicht alles, was dieses schöne und BIO-zertifizierte Haus zu bieten hat. Aber der Reihe nach. Der Landgasthof Schwarz liegt in Veitsaurach, ruhig und idyllisch zwischen der Goldschlägerstadt Schwabach und der Münsterstadt Heilsbronn. Kurze Entfernungen – nur 20 Minuten von Nürnberg entfernt und 10 Minuten bis zur Autobahn A6 – machen den Gasthof für Geschäftsreisende, Kurzurlauber und Wochenendausflügler besonders interessant. Es ist ein klassischer Familienbetrieb mit einer über 100-jährigen Tradition. Drei Generationen kümmern sich heute um das Wohl der Gäste. Das junge Ehepaar Gaby und Christian Pfleger hat das Sagen. Die Küche von Christian Pfleger ist mittlerweile so berühmt, wie es die „Gnidla's Oma", Ur-Oma Frieda Schwarz mit ihren Gnidla – den fränkischen Klößen – einst war. Der Küchenchef profitiert von der regionalen Qualität, man kennt hier noch persönlich den Metzger und den Kartoffelbauern – und am Ende zählt die Qualität. So verfährt Herr Pfleger auch bei seinen weithin gerühmten Steaks, die in unterschiedlichen Variationen angeboten werden. BIO kann, aber muss nicht sein. Neben einer traditionellen, fränkischen Küche gibt es jede Menge kulinarische Abstecher ins Ausland. Die Spezialität sind regionale Schmankerl und vegetarische Gerichte. Weit über die Ortsgrenzen bekannt sind die gebackenen, fränkischen Karpfen. Traditionell gibt es die nur in den Monaten mit „R", dann aber fangfrisch und täglich. An Samstagen und Sonntagen geht es mit frisch gebratenen Schäufele herzhaft zu. Das Restaurant hat Platz für 56 Gäste, hinzu kommen Nebenzimmer und Sonnensaal für bis zu 240 Personen. Und im Sommer lockt der kleine, schöne Biergarten. Ideale Verhältnisse also für einen Wochenendausflug oder ausgedehnte Feste. Wer will, bleibt gleich über Nacht in einem der Gästezimmer und sinnt bei dem reichhaltigen Frühstücksbuffet noch über die letzte Partynacht nach …

LANDGASTHOF SCHWARZ
Veitsaurach H7, 91575 Windsbach
Telefon 0 98 71 / 6 73 00
www.landgasthof-schwarz.com

BESTES RINDFLEISCH

Die Angusmanufaktur Franken

KOTELETT VOM ANGUSMANUFAKTUR-
RINDERRÜCKEN
Dieses Rezept finden Sie auf der Seite 99

Wenn es um Qualität und damit um bestes Rindfleisch geht, dann führt kein Weg am Angusrind
vorbei. Mit seiner Angusmanufaktur hat sich Werner Neff ein hohes Ziel gesetzt. Die Entwicklung der Tiere
soll im harmonischen Einklang mit der Natur einhergehen.
Daher wachsen die Kälber in der Herde zusammen mit ihren
Müttern unter freiem Himmel auf. Die Milch der Mutterkühe
steht dabei ausschließlich den eigenen Kälbern zur Verfügung. Und dies so lange, bis diese groß genug sind, sich
selbst mit dem frischen, gesunden Grün der naturbelassenen
Weiden zu versorgen.

Dabei sorgen reichlich natürliches Futter und viel Bewegung
in freier Natur für eine optimale Förderung der angestamm-
ten Anlagen der Angusrinder. So entwickeln sich die Tiere
auf ganz natürliche Weise besonders gesund und kräftig! Die
extensive Weidehaltung garantiert nicht nur eine hervorragende Entwicklung der Tiere, sondern trägt gleichzeitig auch
aktiv zum Naturschutz mit bei, da die Wiesen in ihrer natür-
lichen Ausprägung und Vielfalt belassen werden. Das Fleisch
der Rinder zeichnet sich durch eine feine Marmorierung,
kurze Fleischfasern und ein köstliches Aroma aus. Die Marmorierung steht für außergewöhnlich saftiges Fleisch, wobei
Aussaftung und Bratverlust bei der Zubereitung gering sind.
Die kurze Fleischfaser wiederum ist das Merkmal für Zartheit schlechthin und der wohl bedeutendste Grund, warum
das Angusrind heute auf der ganzen Welt einen beinahe
schon legendären Ruf genießt. Da verwundert es nicht weiter, dass die einzigartigen Vorzüge dieses Fleisches nicht nur
die Gaumen von Gourmets entzücken! Das besondere Aroma
entsteht durch die Mutterkuhhaltung auf naturbelassenen
Weiden mit frischem Gras und gesunden Kräutern. Aber auch
danach werden die Tiere ausschließlich mit hofeigenem Futter versorgt. Die durchweg artgerechte und naturnahe Hal-
tung, Fütterung und Schlachtung entspricht den Biorichtlinien
und steht somit für ein BIO-zertifiziertes Gourmet-Produkt
der Spitzenklasse.

ANGUSMANUFAKTUR
Werner Neff
Albrecht-Dürer-Straße 17, 74575 Schrozberg
Telefon 0 79 35 / 7 25 11
www.fm-neff.de

REZEPTE

SCHOKOLADEN-HIMBEER-LASAGNE MIT MEERRETTICH
Landhotel 3Kronen, Seite 64

ZUTATEN FÜR 4 PERSONEN
CRÊPES

*3 EL Mehl, 1 EL Kakao, 2 EL Puderzucker, 1 Prise Salz,
1 Msp Vanillepulver, Schale von 1 abgeriebenen Bio-
Zitrone, 100 ml Milch, 1 Ei, 50 g geklärte Butter zum
Ausbacken*

FÜLLUNG

*1 Eigelb, 1 TL Zucker, 180 g dunkles Nougat, 20 g Kuver-
türe 70 %, 100 g Sahne, 1 TL Rum, 1 TL gehackte Pistazien, 150 g Himbeeren, 50 g Himbeermark, Puderzucker,
30 g handgeriebener Meerrettich*

ZUBEREITUNG

Zur Herstellung der Crêpes das Mehl mit dem Kakao,
Puderzucker, Salz, Vanillepulver und Zitronenschale in
einer Schüssel vermengen. Milch und Ei hinzugeben und
zu einem glatten Teig verrühren. Den Teig 1 Stunde ruhen
lassen.
Zwischenzeitlich für die Füllung das Eigelb mit dem
Zucker schaumig schlagen. Nougat und Kuvertüre zerkleinern und im Wasserbad schmelzen. Die Nougat-Kuver-
türe-Mischung unter die Schaummasse heben. Sahne,
Rum und Pistazien unterrühren und kaltstellen.
Den Crêpeteig durch ein Sieb passieren. Etwas geklärte
Butter in einer beschichteten Pfanne erhitzen und aus
dem Teig 6 bis 8 möglichst dünne Crêpes ausbacken.

Aus jedem Crêpe vier gleich große Rechtecke im Format
5 x 8 Zentimeter schneiden. In einer Schüssel Himbeeren
mit dem Himbeermark, dem Puderzucker und dem
Meerrettich mischen und marinieren. Je ein Crêpe-Recht-
eck mit der Nougatmasse bestreichen und darauf die
marinierten Himbeeren verteilen. Diesen Vorgang zwei-
mal wiederholen. Die oberste Crêpe-Schicht mit Zucker
bestreuen und unter dem Grill karamellisieren. Mit Puderzucker und Meerrettich dekorieren.
Die Nachspeise reicht auch für 6 Personen, die schon ein
schönes Menü genossen haben.

REHSCHÄUFELE MIT PILZSAUCE
Hotel Krone, Seite 66

ZUTATEN FÜR 4 PERSONEN
REHSCHÄUFELE

4 Schulterblätter vom Reh, 3 Zwiebeln, 2 Karotten,
1 kleine Sellerieknolle, 1 Stange Lauch, 3 EL Tomatenmark,
250 ml Rotwein, 1,5 l Wildfond, 10 Wacholderbeeren,
2 Lorbeerblätter, 5 Nelken, 2 Saucenlebkuchen, 100 ml Sahne,
Rapsöl zum Anbraten, Salz, Pfeffer

PILZSAUCE

800 g geputzte und geschnittene Steinpilze oder
400 g geputzte und geschnittene Pfifferlinge, 2 Zwiebeln,
frische Petersilie, 200 ml Sahne, Salz, Pfeffer

ZUBEREITUNG
Rapsöl in einem passenden Topf erhitzen, die 4 Rehschulter-
blätter anbraten und nach dem Wenden mit Salz und Pfeffer
würzen. Das Fleisch entnehmen und beiseitestellen. Das
geputzte, geschälte und in grobe Würfel geschnittene Gemüse
in den Topf geben und ebenfalls anrösten, Tomatenmark
dazugeben und etwas mit rösten. Mit Rotwein ablöschen und
leicht einreduzieren. Mit dem Wildfond auffüllen und aufkochen. Das Fleisch und die Gewürze dazugeben und 1 1/2
Stunden schmoren. Das Fleisch heraus nehmen und warm
stellen. Die Sauce mit den kleingeschnittenen Saucenlebkuchen kräftig aufkochen, pürieren und mit Sahne verfeinern.
Mit Salz und Pfeffer abschmecken.
Für die Pilzsauce Zwiebeln klein schneiden und anschwitzen,
Pilze dazugeben und mit Salz und Pfeffer würzen. Mit Sahne
aufgießen, etwas einreduzieren lassen und gehackte Petersilie
dazugeben. Zum Rehschäufele servieren.
Als Beilagen reicht man zum Beispiel Kartoffelklöße, Semmel-
knödel, Spätzle, Schupfnudel, Apfelrotkohl, Wirsinggemüse,
Mandelbrokkoli oder Speckrosenkohl.
Ein fränkischer Spätburgunder oder ein frisches Bier vom Fass
empfehlen sich als Getränk.

SCHNELLER BIENENSTICH
Preuschens Edelobstbrennerei, Seite 68

ZUTATEN
BODEN

4 Eier, 160 g Zucker, 160 g Mehl, 1 TL Backpulver,
70 g gehobelte Mandeln, 60 g Bernsteingold

CREME

400 ml Sahne, 1 Pckg. Paradiescreme

ZUBEREITUNG
Für den Boden die Eier trennen und das Eiweiß steif
schlagen. Zucker einrieseln lassen. Rühren, bis die
Masse glänzend ist, dann das Eigelb unterziehen.
Mehl mit Backpulver vermischen, darüber sieben und
unterheben. Den Teig in eine Springform (28 Zentimeter
Durchmesser) füllen.
Mit gehobelten Mandeln bestreuen und Bernsteingold
darüber sieben, dann bei 180 °C circa 20 Minuten im
vorgeheizten Ofen backen.
Für die Creme die Sahne mit der Paradiescreme steif
schlagen.
Den abgekühlten Boden durchschneiden und mit der
Creme füllen. Die obere Hälfte des Bodens wieder
aufsetzen und verzieren.

REZEPTE

FRÄNKISCHE HOCHZEITSSUPPE NACH OMA MEYER
Landgasthof zum Schwarzen Adler, Seite 72

ZUTATEN FÜR 4 PERSONEN
1l Rinderbrühe

FLÄDLE
*2 Eier, 50 ml Milch, 120 g Mehl, Petersilie, Schnittlauch,
Salz, Pfeffer*

BUTTERKLÖSSCHEN
25 g Butter, 30 g Semmelbrösel, 1 Ei, Muskat, Salz, Pfeffer

LEBERKLÖSSCHEN
*80 g Schweineleber, gemahlen, 25 g Butter, 30 g Semmel-
brösel, 1 Ei, 20 g Zwiebeln, Petersilie, Majoran, Muskatnuss, Salz, Pfeffer*

PUFFERLE (PROFITEROLES)
*80 ml Wasser, 15 g Butter, 50 g Mehl, 1 Ei,
1 Msp Backpulver, Muskat, Salz*

ZUBEREITUNG
Für die Flädle Petersilie waschen fein hacken und Schnittlauch fein schneiden. Eier mit Milch verrühren, dann Mehl
einrühren. Der Teig muss in der Pfanne gut verlaufen,
dann blass goldbraun ausbacken. Noch warm zusammenrol-
len, auskühlen lassen und in feine Schnecken schneiden.

Für die Butterklößchen Butter schaumig schlagen, dann
mit Salz, Pfeffer und Muskat würzen. Danach Semmel-
brösel und das Ei abwechselnd unterrühren. Kleine
Klößchen formen und später circa 5 Minuten in der
Rinderbrühe gar ziehen lassen.
Für die Leberklößchen eine Butterklößchenmasse (siehe
oben) herstellen. Zwiebeln in feine Würfel schneiden, mit
gehackter Petersilie, Majoran und der Leber unter die
Butterklößchenmasse kneten. Dann mit einem Löffel
Nocken abstechen und circa 12 Minuten ziehen lassen.
Für die Pufferle 80 Milliliter Wasser, Butter und Gewürze
aufkochen lassen. Mehl und Backpulver auf einmal
dazugeben. Unter ständigem Rühren abbrennen lassen.
Die Masse etwas abkühlen lassen, dann das Ei unter-
schlagen. Kleine Teigtupfer auf ein Backblech aufspritzen.
Bei 175 °C 15 Minuten backen.
In Rinderbrühe werden nun die Butterklößchen gegart,
die Leberklößchen werden in Wasser circa 12 Minuten
vorsichtig pochiert. Die geschnittenen Flädle, Petersilie,
Schnittlauch und Pufferle in eine Suppenterrine füllen mit
der Rinderbrühe und den Klößchen auffüllen.

GESCHMORTES REHSCHÄUFALA MIT SILVANERBIRNE

Landgasthof zum Schwarzen Adler, Seite 72

ZUTATEN FÜR 4 PERSONEN

2 Rehschultern, 4 EL Öl, 1 TL Thymian, getrocknet,
12 Wacholderbeeren, 5 Lorbeerblätter, 10 Pfefferkörner
weiß,1 EL Tomatenmark, 3 EL Mehl, 2 Zwiebeln,
150 g Suppengrün (Karotte, Sellerie, Lauch, Petersilien-
wurzel) gewürfelt, 250 ml Wildbrühe oder Wasser, 500 ml
Rotwein, 200 ml Birnensaft, 2 EL Preiselbeeren, Zimt, Salz

SILVANERBIRNE

2 Williamsbirnen, 100 g Zucker, 500 ml Silvaner,
4 Lorbeerblätter, 5 Wacholderbeeren, 1 EL Senfkörner,
1/4 Chillischote, 2 Zimtstangen

ZUBEREITUNG

Rehschultern in 4 Stücke à circa 300 g teilen. Thymian, Wacholderbeeren, Pfefferkörner und 1 TL Salz am im Mörser fein zerstoßen. Rehschultern damit rundum einreiben. 3 Esslöffel Öl in einem großen Bräter erhitzen, Rehschulter darin bei guter Hitze auf beiden Seiten 5 Minuten mit Farbe anbraten, herausnehmen. Noch 1 Esslöffel Öl in den Bräter geben, zuerst gewürfelte Zwiebeln, Suppengrün anrösten dann Tomatenmark darin bei mittlerer Hitze 3 Minuten anbraten. Das Mehl einstäuben und kurz mitrösten. Anschließend mit Rotwein ablöschen und einkochen lassen, mit Brühe und Birnensaft auffüllen. Rehschulter in den Bräter legen.

Zugedeckt aufkochen, und im vorgeheizten Ofen bei 180 °C auf dem Rost der untersten Schiene 1 bis 2 Stunden zugedeckt schmoren (Umluft nicht empfehlenswert). Das Fleisch ist fertig, wenn es leicht von der Kochgabel rutscht. Das Rehschäufala fest in Alufolie wickeln und im ausgeschalteten Ofen ruhen lassen. Die Sauce durch ein Sieb in einen Topf streichen. Dann mit Pfeffer, Salz, Zimt und Preiselbeeren abschmecken.
Für die Sivanerbirne den Zucker leicht karamellisieren lassen und mit dem Wein und allen Gewürzen aufkochen. Die halbierten und entkernten Birnen einlegen und leicht sieden lassen, im Silvanersud abkühlen lassen.
Rehschulter mit der Sauce und einer halben Silvanerbirne und rohen Knödeln servieren.

REZEPTE

OCHSENBACKEN IM BRAUMALZSUD GESCHMORT MIT KARTOFFEL-SELLERIE-PÜREE UND MARKTGEMÜSE
Landgasthof Fiedler, Seite 70

ZUTATEN FÜR 4 PERSONEN
OCHSENBACKEN

1 kg Ochsenbacken, pariert, 1 Zwiebel, 1 Karotte,
50 g Sellerie, 1 Zehe Knoblauch, 500 g helles Braumalz
für den Malzsud, 500 ml Kalbsfond, 1 EL Tomatenmark,
100 g Mehl, 1 EL Honig, 1 Zweig Rosmarin, 2 Zweige
Thymian, 10 Körner Pfeffer, 2 Lorbeerblätter, 5 Wacholder-
beeren, Öl zum Anbraten, etwas Butter, Salz, Pfeffer

KARTOFFEL-SELLERIE-PÜREE

150 g Kartoffeln, 200 g Knollensellerie, 200 ml Milch,
20 g Butter, Muskat, Salz, Pfeffer

ZUBEREITUNG

Das Braumalz im Mixer grob schroten und mit 2 Liter
Wasser circa 20 Minuten köcheln lassen. Den Sud – der
beim Bierbrauen als erster Ansatz der Vorderwürze be-
zeichnet wird – abgießen.
Die parierten Backen salzen und pfeffern. Das Wurzelgemüse in grobe Würfel schneiden.
Öl in einem Bräter erhitzen und die Ochsenbacken scharf
anbraten. Herausnehmen, anschließend das Gemüse und
den Knoblauch anrösten und tomatisieren. Mit dem Mehl
bestäuben, mit dem vorbereiteten Sud auffüllen und

nochmals kurz kochen lassen. Die angebratenen Ochsenbacken wieder zugeben und mit dem Kalbsfond auffüllen,
damit das Fleisch gut bedeckt ist. Den Honig und die
Kräuter und Gewürze zugeben und zugedeckt im Ofen
circa 2,5 bis 3 Stunden bei 180 °C weich schmoren.
Das Fleisch aus dem Bräter nehmen und warm stellen.
Die Sauce durch ein feines Sieb passieren und auf die
gewünschte Konsistenz reduzieren lassen, wenn
nötig eventuell noch abbinden. Die Ochsenbacken aufschneiden, auf einen Teller anrichten und mit der
Sauce nappieren.
Für das Püree Kartoffeln und Sellerieknolle waschen,
schälen und in etwa 1 Zentimeter große Würfel schneiden. Die Kartoffel- und Selleriewürfel in einem Dämpfer
in circa 25 Minuten weich garen
Die Milch mit Salz, Pfeffer und Muskat aufkochen und
Kartoffeln und Sellerie durch eine Kartoffelpresse in die
heiße Milch drücken. Mit dem Schneebesen verrühren.
Die Butter mit unterziehen, damit das Püree geschmeidig
wird, eventuell noch nachwürzen.
Mit einem Dressiersack auf dem Teller anrichten.

SAURE NIERLE MIT SPÄTZLE
Glocke, Seite 74

ZUTATEN FÜR 4 PERSONEN
6 Schweinenieren, gewässert, Winzeressig „Glocke" nach Geschmack, Öl zum Anbraten, Majoran, Salz, Pfeffer

SAUCE
20 g Karottenwürfel, 20 g Zwiebelwürfel, 20 g Lauchwürfel, 20 g Selleriewürfel, 1 EL Zucker, 1 EL Tomatenmark, 1 EL Mehl, 2 EL guter Rotwein, 300 ml Fleischbrühe, 150 ml Sahne, Majoran, Salz, Pfeffer

SPÄTZLE
250 g Mehl, 3 Eier, 100 ml Milch, 1 TL Salz, etwas Butter zum Schwenken

ZUBEREITUNG
Für die Sauce Gemüsewürfel in einem Topf anschwitzen. Zucker und Tomatenmark dazu geben und braun karamellisieren lassen. Mit Rotwein ablöschen und mit Mehl bestäuben. Dann mit der Brühe aufgießen, würzen und kochen lassen. Anschließend pürieren und mit Sahne verfeinern.
Für die Spätzle Mehl, Eier, Milch und Salz in eine Schüssel geben und solange schlagen bis der Teig Blasen wirft. Dann mit einem Hobel oder einer Presse in kochendes Salzwasser geben. Circa 5 Minuten bei schwacher Hitze köcheln lassen, im Sieb kalt abschrecken.
Die Nieren halbieren, sauber ausschneiden und in Streifen schneiden. Mit Öl in eine Pfanne geben und scharf anbraten. Mit Essig ablöschen, würzen und in die Sauce geben. Wichtig ist, dass die Nieren erst nach dem Braten gesalzen werden, sie werden sonst trocken.
Die Spätzle noch in etwas Butter schwenken und man kann anrichten.

DINKELSBÜHLER KRAUTSACK
Goldene Kanne, Seite 78

ZUTATEN FÜR 4 PERSONEN
KRAUTSACK
600 g Schweinerücken, 3 Essiggurken, 10 dünne Scheiben Schwarzwälder Schinken, 200 g ausgepresstes Sauerkraut, 8 EL mittelscharfer Senf, 12 Zahnstocher, Fett zum Anbraten, Salz, Pfeffer

BRATKARTOFFELN
800 g vorwiegend festkochende Kartoffeln, 2 Zwiebeln, 200 g Bauchspeckwürfel, 80 ml Rapsöl, Schnittlauch, Salz, Pfeffer

RÖSTZWIEBELN
3 Metzgerzwiebeln, 1 TL Paprika edelsüß, 1 Prise Mehl, Öl zum Rösten

SAUCE
1 EL Senf, 200 ml Bratenfond oder Kalbsfond

ZUBEREITUNG
Schweinerücken in 4 Scheiben schneiden, dünn klopfen, beidseitig salzen und pfeffern, eine Seite mit Senf bestreichen, mit 2 bis 3 Scheiben Schwarzwälder Schinken und 3 Scheiben Essiggurken belegen. Das ausgepresste Sauerkraut darauf geben, alles zu einer Roulade rollen. Mit Zahnstochern fixieren. Die Rouladen in einer heißen Pfanne mit Fett scharf anbraten. Für die Sauce Senf, Bratensaft und Bratenfond vermischen. Krautsack in eine Auflaufform legen, Sauce darüber geben und für 30 Minuten bei 200 °C im Ofen garen.
Kartoffeln kochen, schälen und in Scheiben schneiden. In eine Pfanne mit heißem Öl geben, salzen und pfeffern und knusprig anbraten. Zwiebelwürfel und Speckwürfel zugeben und mitrösten. Vor dem Servieren mit etwas Schnittlauch bestreuen.
Zwiebeln schälen und in dünne Scheiben schneiden. Mit Paprika und Mehl vermischen und in der Fritteuse oder in einer Backpfanne mit Öl goldbraun backen.

REZEPTE

MARKIERTES RINDERFILET MIT STEINPILZTOPPING AUF KARTOFFEL-TRÜFFELRÖSTI AN WEISSEM PORTWEINSCHAUM

Hotel Gasthof Sonne, Seite 80

ZUTATEN FÜR 4 PERSONEN

FLEISCH

800 g Rinderfilet, Öl zum Anbraten, Salz, Pfeffer

TOPPING

200 g Steinpilze, 200 g Rindermark, 1/2 Zwiebel, 1 Ei, 100 g Semmelbrösel, etwas Petersilie, Salz, Pfeffer

RÖSTI

600 g Kartoffeln, 1 Zwiebel, 40 g schwarze Trüffel, 2 Eier, Salz, Pfeffer

PORTWEINSCHAUM

400 ml weißer Portwein, 1 Zwiebel, 500 ml Sahne, Gemüse, Karotten und Kaiserschoten, 50 g Butter, Salz, Pfeffer

ZUBEREITUNG

Das Rinderfilet parieren und in 4 Medaillons von circa 180 g schneiden. Salzen und pfeffern und von beiden Seiten kurz in Öl anbraten. Aus der Pfanne nehmen und auf ein Blech setzen.

Für das Topping Steinpilze, Rindermark und Zwiebel würfeln. Zwiebel und Steinpilze in Öl anbraten und leicht würzen. Rindermarkwürfel zugeben und weiter anschwitzen.

Nun die Semmelbrösel und das Ei zugeben, von der Hitze nehmen und die gehackte Petersilie zugeben. Auskühlen lassen und aus der Masse kleine Fladen in Steakgröße formen und auf diese setzen. Die markierten Steaks im vorgeheizten Ofen circa 8 Minuten bei 160 °C weitergaren. Ofen öffnen und die Steaks noch kurz ruhen lassen.

Für die Rösti die Kartoffeln mit der Schale kochen, danach pellen und mit der Reibe in Streifen hobeln. Zwiebel hacken und anschwitzen, dann Trüffel hacken und zugeben, anschließend in die Kartoffelmasse geben. Die Eier zugeben und die Masse verrühren, mit Salz und Pfeffer leicht würzen. Circa 10 cm große Rösti formen und in einer heißen Pfanne in Öl beidseitig anbraten.

Für den Portweinschaum Zwiebelwürfel in einem Topf anschwitzen, den Portwein zugeben und reduzieren lassen. Die Sahne zugeben, mit Salz und Pfeffer würzen und weiter reduzieren lassen. Die Sauce passieren und mit ein paar Butterflocken aufmontieren.

Das Rinderfilet auf dem Rösti anrichten, mit Portweinschaum umgießen und mit dem glasiertem Gemüse garnieren.

HAUSSPEZIALITÄT SAUERFLEISCH
Landgasthof-Hotel Bergwirt, Seite 84

ZUTATEN FÜR 4 PERSONEN

1 kg Schweinenacken ohne Knochen, 1 l Weinessig weiß 5%, 100 g Zucker, 25 g Salz, 1 Karotte, 4 halbe Zwiebeln, 2 große Zwiebeln, 2 Lorbeerblätter, Gewürzsäckchen (bestehend aus Pfefferkörnern, Kümmel, Majoran, Zitronenschalenabrieb, Nelken, Wacholderbeeren), etwas Zucker, Zitronensaft, Salz

ZUBEREITUNG

Einen Sud herstellen aus 2,5 Liter Wasser, Essig, Zucker und Salz. Aufkochen lassen und den Nacken im Ganzen oder in 2 Stücken dazugeben. Circa 2 Stunden leicht köchelnd ziehen lassen, nach 1 Stunde das Lorbeerblätter, Gewürzsäckchen, die Karotte und die 4 halben Zwiebeln dazugeben. Das Fleisch ist gar, wenn es mit der Küchengabel durchgestochen werden kann. Den Sud passieren und kräftig mit Zucker, Salz und Zitronensaft abschmecken.

2 große Zwiebeln in Ringe schneiden und die Zwiebelringe im Sud circa 8 Minuten mitkochen.

Zum Anrichten 2 Scheiben Sauerfleisch mit Zwiebelringen bedecken und mit einer Schöpfkelle vom Sud übergießen. Die Karotte in blütenförmige Scheiben schneiden. Garnieren mit Karottenscheiben und Petersiliensträußchen. Dazu gibt's Kartoffelklöße und Weißbrot.

KOTELETT VOM ANGUSMANUFAKTUR-RINDERRÜCKEN
Angusmanufaktur, Seite 90

ZUTATEN FÜR 4 PERSONEN

1200 g Rinderkotelett, 400 g gekochte Kartoffeln in der Schale (z.B. Bamberger Hörnchen), 1 rote Paprika, 1 gelbe Paprika, 2 kleine Zucchini, 8 kleine Schalotten, 4 Frühlingszwiebeln, 4 Knoblauchzehen, frischer Rosmarin nach Geschmack, Butaris zum Anbraten, etwas Butter, Salz, Pfeffer, Gewürzsalz und Kräuterbutter nach Geschmack

ZUBEREITUNG

Das Kotelett beidseitig salzen und pfeffern und in Butaris scharf von beiden Seiten anbraten. Die angeschlagenen Knoblauchzehen und den Rosmarinzweig zugeben und die Hitze reduzieren. Etwas Butter auf das Fleisch legen und bei circa 160 °C Umlufthitze im Ofen garen. Von Zeit zu Zeit öffnen und das Fleisch mit der Butter übergießen. Nach circa 12 Minuten herausnehmen und warmstellen. Die Kartoffeln grob würfeln und wie Bratkartoffeln braungolden anbraten. Anschließend Rosmarinnadeln zugeben, mit Salz und Pfeffer abschmecken. Ebenfalls warmstellen. Das Gemüse putzen und in gleichmäßige Scheiben oder Würfel schneiden. Alles zusammen scharf anbraten bis sich Röststellen bilden. Mit Salz und Pfeffer abschmecken. Zum Anrichten das Kotelett mittig auf den Tellern platzieren und Kartoffeln und Gemüse links und rechts davon umlegen. Das Fleisch kann noch nach Geschmack mit etwas Kräutersalz oder einem Stück Kräuterbutter gewürzt werden.

Mit herzlichem Dank an Stefan Rottner, Romantik Hotel Gasthaus Rottner, Nürnberg

REZEPTE

BUCHWEIZEN-AMARANT-BRATLINGE MIT KARTOFFELECKEN UND KRÄUTERQUARK
Demeterhof Schwab, Seite 86

ZUTATEN FÜR 4 PERSONEN
BUCHWEIZEN-AMARANT-BRATLINGE

150 g Buchweizenkerne, 50 g Amarant, 3–4 TL Gemüse-brühe, 100 g Zwiebeln, 50 g Lauch, 50 g Karotten, 3 Hühnereier (oder 15 Wachteleier), 160 g Paniermehl (oder fein geriebenes Brötchen), Öl zum Braten, frische Petersilie, gehackt, 1/2 TL Majoran, 1/2 TL Kräutersalz, Pfeffer

KARTOFFELECKEN

600 g Kartoffeln, 1–2 EL Rapsöl, Kräutersalz, Pfeffer, Paprikapulver

KRÄUTERQUARK

350 g Naturjoghurt, 200 g Quark, je 1 EL Leinöl, Hanföl, Olivenöl, Leinsamen, geschälte Hanfsamen, 15–20 g fein gehackte Petersilie, 1 Prise Pfeffer, 1 1/2 TL Kräutersalz

ZUBEREITUNG

Für die Bratlinge Buchweizen und Amarant in eine Tasse füllen und die doppelte Menge Wasser dazugeben (Ver-hältnis 1:2). Dann zusammen mit der Gemüsebouillon in einen Topf geben. Circa 5 Minuten kochen und 15 bis 20 Minuten quellen lassen, bis das Wasser vollständig aufgesaugt ist. Zwiebeln und Lauch klein schneiden und die Karotten raspeln. Anschließend Gemüse, Eier, Panier-mehl, Gewürze und die gekochte Buchweizen-Amarant-masse in eine Schüssel geben und abschmecken. Aus dem Teig circa 8 cm große, flache Bratlinge formen und in der Pfanne mit Raps-, Brat- oder Olivenöl goldbraun von jeder Seite braten.

Für die Kartoffelecken Kartoffeln schälen und in Stücke schneiden. Gleichmäßig auf ein Blech verteilen und das Rapsöl darüber träufeln, mit Kräutersalz, Pfeffer und Paprika würzen. Im vorgeheizten Backofen auf Heißluft 160 °C oder Ober-/Unterhitze 200 °C circa 30 Minuten goldbraun backen.

Für den Kräuterquark alle Zutaten gut miteinander ver-rühren, abschmecken und fertig.

ROSA GEBRATENER REHRÜCKEN, STEINPILZE UND KARTOFFEL-KÜRBISKÜCHLE MIT HANF

Landgasthof Schwarz, Seite 88

ZUTATEN FÜR 4 PERSONEN
REHRÜCKEN

*1 kg Rehrücken, 1/2 Bund Thymian, 1/2 Bund Rosmarin,
1 Schalotte, 2 Wacholderbeeren, 1 Prise Zucker, Salz,
Pfeffer*

STEINPILZE

1 kg Steinpilze, 1 EL Butter, 1 Knoblauchzehe, Salz, Pfeffer

KARTOFFEL-KÜRBIS-HANF-KÜCHLE

*350 g Kartoffeln, 250 g Hokkaido-Kürbis geschält entkernt
1 Ei, 1 Msp. Ingwer gemahlen,1 Msp. Macis gemahlen
1 Msp. Bockshornkleesaat gemahlen, 50 g Hanfsamen
geschält, Salz*

ZUBEREITUNG

Den Rehrücken auslösen. Mit Salz, Pfeffer und Zucker
würzen. Kurz heiß anbraten. Thymian- und Rosmarin-
zweige sowie die in Scheiben geschnittene Schalotte und
die gequetschten Wacholderbeeren mit in die Pfanne
geben und das Reh rosa garen.

Nach Belieben aus den Rehrückenknochen eine Sauce
ziehen und dazu servieren.

Die Steinpilze waschen. Vorsichtig trocknen. In Scheiben
schneiden und in etwas Butter kurz anbraten. Mit Salz,
Pfeffer und etwas gehacktem Knoblauch würzen.

Für die Küchle die Kartoffeln schälen und fein raspeln.
Den Kürbis in einer extra Schüssel ebenfalls fein raspeln.
Kartoffeln über einem Gefäß leicht ausdrücken und zum
Kürbis geben. Den Kartoffelsaft eine kurze Weile stehen
lassen, bis sich die Stärke abgesetzt hat. Das Kartoffel-
wasser vorsichtig abgießen, die Stärke zurückbehalten
und zum Kürbis geben.

Kartoffel-Kürbisraspel mit dem Ei, den Gewürzen, Hanfsamen und Salz mischen.

Kleine, ein Zentimeter dicke Küchle formen und in der
Pfanne mit wenig Öl circa 10 Minuten von beiden Seiten
braten.

Dazu passt ein kräftiger Rotwein, zum Beispiel aus der
fränkischen Domina-Traube.

BAYREUTH

Kulturstadt zwischen grünen Hügeln

Als Zentrum des Werkes von Richard Wagner wurde Bayreuth international berühmt. „Weltkultur" ist der Begriff, mit dem sich die Bayreuther Festspiele daher beschreiben lassen. Alljährlich im Juli und August kommen tausende Opernfreunde aus aller Welt im Festspielhaus zusammen, um die Werke Richard Wagners am Originalschauplatz zu sehen und zu hören. Die einzigartige Atmosphäre und Akustik des nach Wagners Plänen und antiken Vorbildern gebauten Festspielhauses machen die Aufführungen zu einem unvergesslichen Erlebnis. Es werden ausschließlich die Hauptwerke von Wagner aufgeführt: Der Fliegende Holländer, Lohengrin, Tannhäuser, die Meistersinger von Nürnberg, Tristan und Isolde, Der Ring des Nibelungen und Richard Wagners Spätwerk Parsifal.

Viele berühmte Künstler waren seit 1876, dem Jahr der ersten Festspiele, in Bayreuth zu Gast. So leiteten unter anderem die Dirigenten Arturo Toscanini, Herbert von Karajan, Pierre Boulez, Daniel Barenboim oder Christian Thielemann das Orchester der Bayreuther Festspiele, das aus den besten Musikern deutscher und europäischer Orchester besteht. Viele herausragende Sängerinnen und Sänger wie zum Beispiel Wolfgang Windgassen, Birgit Nielsson, Peter Hoffmann, Gwyneth Jones oder Plácido Domingo standen in Bayreuth bereits auf der Bühne und wurden stürmisch gefeiert.

Aber auch als attraktives Ziel für Sightseeing ist die Kulturstadt immer eine Reise wert. So verfügt Bayreuth über hochkarätige historische Sehenswürdigkeiten, die noch aus der Zeit der kunstsinnigen Markgräfin Wilhelmine stammen. Die preußische Prinzessin und Schwester von König Friedrich dem Großen schuf in Bayreuth ein einzigartiges Ensemble von Schlössern, Gartenkunstanlagen und das wunderbare Markgräfliche Opernhaus, das als das schönste erhaltene Barocktheater Europas gilt. Als Architekten verpflichtete sie Giuseppe und Carlo Galli Bibiena aus Bologna, die als die berühmtesten Theaterarchitekten ihrer Zeit galten. Das Opernhaus stellt eine einmalige Sehenswürdigkeit dar und wurde daher im Jahr 2012 in die Liste der UNESCO-Welterbestätten aufgenommen.

Das Neue Schloss mit den historischen Räumen des Markgrafenpaares Friedrich und Wilhelmine ist ein Meisterwerk des Bayreuther Rokoko. Der angrenzende Hofgarten verbindet die historische Innenstadt mit Haus Wahnfried, dem ehemaligen Wohnhaus Wagners, das heute ein Museum ist. In unmittelbarer Nähe befinden sich das Deutsche Freimaurermuseum, das Jean-Paul- und das Franz-Liszt-Museum.

Vor allem zwei herausragende Künstler waren es, die ihr Domizil erst im fortgeschrittenen Alter in Bayreuth aufschlugen und hier auch ihre letzte Ruhestätte fanden.

Da ist zum einen Franz Liszt. Ein gefeiertes musikalisches Wunderkind und weltgewandter Kosmopolit, der in ganz Europa zu Hause war und bereits im Alter von neun Jahren Konzerte gab. Als ein Star des 19. Jahrhunderts wurde er mit nahezu hysterischer Hingabe verehrt. Franz Liszt war ein ehrgeiziger Künstler, der sich Anerkennung als Komponist verdiente, der aber auch das Potenzial seiner Zeitgenossen erkannte und förderte, wo es ihm möglich war – sein späterer Schwiegersohn Richard Wagner und damit auch die Stadt Bayreuth profitierten besonders von seiner Großzügigkeit.

Und da ist Jean Paul, dessen Werke zu den Sternstunden der deutschsprachigen Literatur gehören. Mit bürgerlichem Namen Johann Paul Friedrich Richter, nannte er sich in Bewunderung für Jean-Jacques Rousseau und die französische Aufklärung Jean Paul. In Wunsiedel geboren, siedelte er im Alter von 41 Jahren nach Bayreuth über, zu einer Zeit, als der Gipfel seines Ruhmes schon überschritten war. Er lebte zurückgezogen und unternahm nur wenige Kurzreisen, zum Beispiel nach Bamberg, wo er Kontakt zu E.T.A. Hoffmann pflegte. 1825 verstarb der Schriftsteller, der Zeit seines Lebens polarisierte, in Bayreuth. Heute noch erinnern seine Lieblings-Dichterstube, die Rollwenzelei in der Königsallee, und das Wohn- und Sterbehaus in der Friedrichstraße an ihn.

AUSSICHT MIT EDELBRAND

Hohenlohisch-fränkische Gemütlichkeit im Flair Hotel Die Post

SCHILLINGSFÜRSTER FLATTERLING
NACH DER GRAVISER HEPFI
Dieses Rezept finden Sie auf der Seite 130

Auf dieser Terrasse kommt der Gast vor lauter Schauen kaum zum Essen. Der weite Blick über das Quellgebiet der Tauber ist an Idylle schwer zu überbieten. Wo sind wir hier? In Schillingsfürst, dem über 1000-jährigen Städtchen an der Romantischen Straße, im Flair Hotel Die Post. In nunmehr fünfter Generation führt Familie Leiblein das Traditionshaus, eines der Gründungshäuser der Flair-Hotel-Kooperation. Hier trifft familiäre Gastfreundschaft auf gehobenen Anspruch und Komfort, das ist geschichtlich verbrieft. Seit 1790 wird das trutzige Gebäude als Gasthaus genutzt, ab Mitte des 19. Jahrhunderts war es zugleich Post- und Kutschenstation. Die heutige Posthalterstube ist eine Reminiszenz an diese Epoche, daneben erstrecken sich noch das großzügige Restaurant, das Kaminzimmer und die kleineren Räume Ratsstube und Weinprobe. Nicht zu vergessen die eingangs erwähnte Aussichtsterrasse mit 40 Sitzplätzen und ein schöner Biergarten. Das historisch-gemütliche Ambiente wird gerne für Veranstaltungen genutzt, von der Familienfeier bis zur Tagung findet hier alles seinen angemessenen Platz. Auch für die Übernachtung ist mit 13 Zimmern unterschiedlicher Kategorien bestens gesorgt. Gut ausgeruht, locken die Sehenswürdigkeiten und Freizeitmöglichkeiten von Stadt und Umland. Eine Besichtigung des Barockschlosses auf dem mit 540 m höchsten Punkt der Frankenhöhe ist Pflicht, das Brunnenhausmuseum mit der einzigartigen Ochsentretanlage aus dem Jahr 1702 unbedingt sehenswert. Via Schmetterlingsradweg lässt sich auch vorzüglich das benachbarte Rothenburg erkunden. Aber ganz gleich wie die Unternehmungen aussehen, am Ende kommen Hunger und Durst. Also schnell zurück zu Ute von Berg-Leiblein und die hohenlohisch-fränkische Karte studieren. Ob deftig oder fein, die Saison bestimmt das reichhaltige Angebot. Dazu ein fränkischer oder württembergischer Tropfen aus dem wohlsortierten Weinkeller und als krönender Abschluss ein Edelbrand vom Hausherren Friedrich Leiblein. Natürlich auf der Terrasse ...

FLAIR HOTEL DIE POST
Familie Leiblein
Rothenburger Straße 1, 91583 Schillingsfürst
Telefon 0 98 68 / 95 00
www.flairhotel-diepost.de

ROMANTIK PUR

Auf Burg Colmberg wird Geschichte lebendig

Den besten Rundumblick auf das gesamte Obere Altmühltal bietet seit über 1000 Jahren die Burg Colmberg. Es hat etwas Märchenhaftes, fast Unwirkliches, wie der mittelalterliche Trutzbau hoch über dem Örtchen Colmberg thront. Schon von Weitem prägt die Silhouette der Burg das Bild der Landschaft und wirkt beinahe wie eine Filmkulisse. Aber keine Angst, sie ist echt. Echt und vor allen Dingen lebendig, denn Geschichte wird hier gelebt. Dafür sorgen die Besitzer des historischen Schmuckstückes, die Colmberger Familie Unbehauen. 1964 erwirbt der ortsansässige Maurermeister Hans Unbehauen das marode Gemäuer. Er hatte damals schon die Vision eines Burghotels und überregionalen Ausflugszieles im historischen Ambiente. Und er setzte seine Idee in die Tat um. Heute, zwei Generationen später, ist Christian Unbehauen der Burgherr. Seit über 150 Jahren ist er wieder das erste Kind gewesen, das auf Colmberg aufwuchs. Der Sohn von Otto und Helga Unbehauen hat in der Burg seine Berufung gefunden. Er ist als Hotelmeister und Hotelbetriebswirt hervorragend ausgebildet, aber in erster Linie natürlich Hüter von Burg und Geschichte. Eine Aufgabe, die er sehr ernst nimmt. Es ist ihm ein Anliegen, den Gästen und Besuchern von Colmberg Geschichte am eigenen Leib erfühlbar und erlebbar zu machen. Verbotsschilder gibt es hier keine, die gesamte Geschossfläche von 3500 m² ist für Gäste des Hauses frei zugänglich. Und es gibt viel zu entdecken. Das wuchtige Mauerwerk aus dem regionalen Blasensandstein, uraltes Gebälk, massive Türen mit antiken Beschlägen, geschichtsträchtige Böden aus Eiche und Stein – alles höchst aufwändig und umsichtig restauriert und instandgehalten.

So verfügt das Restaurant auf Colmberg über ein unvergleichliches Ambiente. Die Küche hat sich über die Jahre einen ausgezeichneten Ruf erarbeitet. Alles wird, so weit wie möglich, selbst gemacht und das schmeckt man eben. Bodenständig und echt, so munden die regional geprägten Gerichte. Einen besonderen Platz auf der Speisekarte nimmt dabei das Wild ein. Kein Wunder, gehört doch ein 20 Hektar großes Wildgehege zu den umgebenden Ländereien der Burg. Ein befreundeter Jäger erlegt die Tiere aus eigener Aufzucht. Im hauseigenen Schlachthaus wird zerlegt und weiterverarbeitet. Kürzere Wege auf den Teller des Feinschmeckers gibt es nicht – wer einmal ein Wildgericht wie Wildschweinhaxe, Rehschäufele oder den Wildaufbruch der Unbehauens probiert hat, schwört darauf. Gelegentlich werden auch begehrte Schmankerl wie Wildpfefferbeißer, Hirschpastete, Wildsalami oder Hirschschinken angeboten. Eingefleischte Genießer freuen sich darauf. Zu trinken gibt es unter anderem ein spezielles Burgbier und den Burgherrentrunk, fränkische Weine der Gewächse Müller-Thurgau, Silvaner und Bacchus. Natürlich ist Burg Colmberg auch ein idealer Ort für große Veranstaltungen. Das fängt bei den beliebten Ritteressen an – im Rittersaal finden 150 Personen Platz, da ist urige Stimmung garantiert – und findet in einer Hochzeit seinen unbestreitbaren Höhepunkt. Denn gerade für Hochzeiten bietet Colmberg – neben der märchenhaften Kulisse – einen weiteren Vorteil: hier befindet sich alles unter einem Dach. Der Sektempfang findet zum Beispiel am offenen Kamin statt, Hauskapelle und Rosengarten sind als Standesamt gewidmet und getraut wird dann wieder in der Kapelle – bis zu 100 Personen finden hier Platz. Getafelt wird im Restaurant und getanzt in einem der großen Säle. Wer dann glücklich erschöpft ist, zieht sich auf eines der 26 stilvollen Zimmer zurück und träumt selig und geborgen zwischen den dicken Mauern der Burg. So wird der schönste Moment im Leben garantiert unvergesslich bleiben. Familie Unbehauen schafft es dabei, selbst opulenten Festen eine herzliche und familiäre Atmosphäre zu verleihen. Und organisiert selbst ausgefallene Sonderwünsche mit Hingabe und Enthusiasmus. So zum Beispiel eine Trauung im romantischen Rosengarten, morgens um sechs, im Licht der ersten Sonnenstrahlen – Romantik pur im Burg Hotel Colmberg ...

COLMBERGER BURGSTEAK VOM HIRSCH MIT SCHUPFNUDELN UND SPECKROSENKOHL
Dieses Rezept finden Sie auf der Seite 131

BURG HOTEL COLMBERG
Familie Unbehauen
Burg Colmberg, 91598 Colmberg
Telefon 0 98 03 / 9 19 20
www.burg-colmberg.de

IM FRÄNKISCHEN SEENLAND …

… zu Gast im Hotel Adlerbräu

Das Adlerbräu in Gunzenhausen wurde bereits 1564 als Gasthaus mit Braurechten urkundlich erwähnt und befindet sich seit 1868 in Besitz der Familie Müller. Dagegen wirkt das Fränkische Seenland mit den 25 Jahren seit seiner Entstehung doch vergleichsweise jung. Die sieben Seen des Naherholungsgebietes locken zum Schwimmen und Tauchen, Segeln und Surfen, Angeln oder Boot fahren. Wer wasserscheu ist, kann die Natur aber auch auf anderen Wegen entdecken. Rad fahren und wandern, skaten, reiten, klettern oder golfen sind gute Alternativen oder Ergänzungen zum kühlen Nass. Das Adlerbräu liegt zwar direkt im Zentrum von Gunzenhausen, aber zugleich auch am Stadtrand und damit an der ruhigen Altmühl-Promenade. Der Altmühltal-Radweg fuhrt direkt hinter dem Haus vorbei und auch der Limes – ein bedeutendes Bodendenkmal und seit 2005 Welterbe der UNESCO – führt durch Gunzenhausen. Die Küche des Hauses ist gutbürgerlich und in der Speisekarte wird auf die Herkunft der regionalen Zutaten ausführlich hingewiesen. Deftige Brotzeiten, fränkische Spezialitäten, vegetarische Kost, feine Fisch-, Lamm- und Wildgerichte, saisonale Spezialitäten sowie Gerichte vom Heißen Stein stehen zur Auswahl. Der Gast sitzt gemütlich im Bräustüble, der Markgrafen- oder in der Seeadlerstube. Im Sommer findet sich Platz im Biergarten auf dem ruhigen Gunzenhausener Marktplatz. Für Übernachtungsgäste stehen in dem 3-Sterne-Superior-Hotel geschmackvoll eingerichtete Zimmer, teilweise mit Balkon zur Altmühlaue, ein Wellnessbereich über den Dächern der Stadt, zwei Suiten, zwei Aufzüge sowie hauseigene Park- und Fahrradstellplätze zur Verfügung. Im lichtdurchfluteten Frühstücksraum können die Gäste den Tag entspannt beginnen. Das Hotel Adlerbräu bietet genügend Räumlichkeiten für Feste oder Tagungen. Komplette Arrangements werden in großer Auswahl angeboten, maßgeschneidert für Radler, Wanderer, Golfer, Motorradfahrer, Wassersportler, Firmen, Verliebte und Familien. Mehr Details hierzu sind über die Internetpräsenz des Adlerbräu abrufbar.

HOTEL ADLERBRÄU
Familie Müller
Marktplatz 10/12, 91710 Gunzenhausen
Telefon 0 98 31 / 8 86 70
www.hotel-adlerbraeu.de

TAFELSPITZ MIT DILL-MEERRETTICHSAUCE
UND SALZKARTOFFELN
Dieses Rezept finden Sie auf der Seite 132

BÜRGERREUTH

Italienischer Grill auf Bayreuths Grünem Hügel

Bayreuths Grüner Hügel bietet neben dem weltberühmten Festspielhaus noch eine andere alteingesessene Attraktion: die Bürgerreuth. Seit 200 Jahren thront das historische Gebäude über den Dächern der Stadt und ist seit jeher ein beliebtes Ausflugsziel. Hier zelebrieren Rinaldo Minuzzi und seine Frau Stephanie seit 30 Jahren die gehobene italienische Küche. Den Besucher erwartet ein gemütlich-elegantes Ambiente, die Wände sind in einem dunklen Rot gehalten und mit Schwarz-Weiß-Fotografien aus Filmen der 1950er und 1960er Jahre dekoriert. Die Tische sind elegant eingedeckt, der Empfang von ausgesuchter Freundlichkeit und italienischer Gastfreundschaft: „Guter Service muss von Herzen kommen", ist der Leitspruch des Hauses. Die Räumlichkeiten sind großzügig und lichtdurchflutet. Gut 100 Plätze stehen insgesamt zur Verfügung, dazu kommen an den warmen Tagen mehr als 200 Plätze im herrlich schattigen Biergarten und auf der Terrasse.

In der Speisekarte fällt zunächst das Angebot vom Holzkohlengrill, oder besser der Grill-Station, auf. Diese Station ist das Ergebnis von Rinaldo Minuzzis Bestreben nach perfekt gegartem Fleisch – der Grill ist eine Eigenentwicklung des Chefs und wurde von einem ortsansässigen Handwerksbetrieb speziell angefertigt. Über 2 Tonnen bringt die aufwändige Konstruktion auf die Waage und ermöglicht durch eine elektrische Sauerstoffzufuhr die extrem hohe Temperaturentwicklung des Buchenholzfeuers. Auf dem Spieß dreht sich eine Bio-Kalbsschulter, „Arrosto allo Spiedo" heißt der saftige Spieß-Kalbsbraten auf Italienisch. Vom Grillrost werden unterschiedliche Spezialitäten angeboten. Da ist zunächst das Bayreuther Premiumfleisch, also regionales Rindfleisch – Rinder- oder Kalbsrücken, um genau zu sein – das einer ganz speziellen Reifung unterzogen wurde. Zusammen mit dem Kulmbacher Institut für Sicherheit und Qualität bei Fleisch hat Minuzzi eine „dry aged"-Reifung entwickelt, mit der eine unglaubliche Zartheit des Fleisches erreicht wird.

CARPACCIO
Dieses Rezept finden Sie auf
der Seite 132

Nach Ende dieser ca sechswöchigen Reifezeit werden die Stücke portioniert und vakuumiert, der Gast kann sich sein Wunsch-Steak selbst am Grill aussuchen. Medium, rare oder durchgebraten, die Garzeit richtet sich ganz nach den Wünschen des Gourmets. Soll es ein Entrecote am Knochen sein, dann bestellt der Gast Costata , ein „Cowboy-Steak", Tagliata alla Trevisiana heißt das Rindersteak, Filetto alla fiamma das Filet und ein knusprig gegrilltes, fettarmes Stielkotelett aus dem zarten Kalbsrücken bedeutet auf italienisch Costoletta di Vitello alla Griglia. Sehr zu empfehlen ist auch das Teufelshühnchen, Pollo alla Diavola, 400 Gramm schwere, französische Stubenküken, die direkt auf dem Rost gegrillt werden. Diese Delikatesse dauert gute 25 Minuten, aber das Warten auf Minuzzis italienische Interpretation des Brathühnchens lohnt sich. Für Fischliebhaber werden Lachsfilet, Scampi, Thunfischsteak, Wolfsbarsch und Goldbrasse gegrillt. Neben den Grillgerichten wird in der Bürgerreuth gehobene italienische Küche von klassisch bis modern serviert. Zur Mittagszeit gibt es das beliebte Business-Lunch-Menü.

Eine Herzensangelegenheit der Hausherrin Stephanie Minuzzi ist die Weinkarte. Ungewöhnlich ausführlich und detailliert werden Herkunft und Eigenschaften der unterschiedlichen Rebsorten dargestellt und erklärt, ein liebevoll gemachtes Lesebuch für die Freunde edler Tropfen. 90 Prozent der Weine stammen aus Italien, der Rest kommt aus Franken. Wer ein Glas mehr trinken möchte, bleibt am besten über Nacht. Die Bürgerreuth verfügt über 8 moderne und ruhige Komfortzimmer. Während der Wagner-Festspiele ist die Bürgerreuth mehr als gut besucht, die Prominentendichte ist dann sehr hoch – fast jeder aus dem Kreis der Wagnerfreunde, ob Künstler oder Prominenz, speist gerne hier. Über Namen sprechen die Minuzzis natürlich nicht – Diskretion ist Ehrensache. Bürgerreuth – die Kunst zu Leben ist auch die Kunst zu Genießen.

BÜRGERREUTH
Stephanie & Rinaldo Minuzzi
An der Bürgerreuth 20, 95445 Bayreuth
Telefon 09 21 / 7 84 00
www.minuzzi.com

KULTIVIERTE TRADITION

Hotel Messerschmitt. Hotel. Restaurant. Weinhaus

MAIN-ZANDER MIT FENCHEL UND PETERSILIE
AUF ROTE-BEETE-SPÄTZLE
Dieses Rezept finden Sie auf der Seite 133

Bamberg. Über die alte Kaiser- und Bischofsstadt zu schreiben, ist ein uferloses Unterfangen. Ja, sie hat den größten, unversehrt erhaltenen historischen Stadtkern in Deutschland, und ja, sie ist seit 1993 Weltkulturerbe der UNESCO. Kurzum: Sie ist absolut sehenswert. Oder, um es mit Friedrich August Siebert (1805–1855) zu sagen: „Wer noch nicht dagewesen ist, der mache sich eilig auf und reise hin, damit nicht ein Brand oder ein Erdbeben ihm die trostlose Wahrheit ließe, er müsse sterben, ohne diese Stadt gesehen zu haben." Unter all den gotischen und barocken Prachtbauten der Alt-stadt fällt, direkt am geschichtsträchtigen Schönleinsplatz ge-legen, die Fassade des Hotels Messerschmitt besonders ins Auge. Hier, im Elternhaus des Flugpioniers Willy Messer-schmitt, wird bereits seit 1832 Wein ausgeschenkt, die Ge-schichte des prachtvollen Gebäudes lässt sich gar bis ins Jahr 1422 zurückverfolgen. Mittlerweile führt Ursula Medenwald das Haus in der sechsten Generation, und die unverwechsel-bare Atmosphäre aus geschichtlicher Patina, herzlicher Fami-lientradition und den Annehmlichkeiten eines modernen 4-Sterne-Hauses fasziniert mehr denn je. 67 Zimmer stehen den Besuchern zur Verfügung, in unterschiedlichen Katego-rien verteilen sie sich auf den historischen Altbau sowie den modernen Anbau des Hotels. Das Gästebuch ist voll mit pro-minenten Namen, hier schliefen schon der Aga Khan, Franz Josef Strauß und der König von Belgien. Ein ausgedehnter Wellnessbereich steht zur Verfügung, so können die erlesenen Kreationen des Romantikrestaurants beruhigt genossen wer-den. Frische Mainfische und Wildgerichte aus heimischer Jagd sind Schwerpunkte auf der fränkisch und international aus-gerichteten Speisekarte. Im Weinkeller lagern fränkische, italie-nische und französische Tropfen und selbstverständlich fließt das vollmundige Bamberger Bier aus dem Fass. Ausgewählte Arrangements garantieren herrliche Verwöhntage, und wer gerne atmosphärisch dicht arbeitet, kann hier auch sehr effektiv tagen …

HOTEL MESSERSCHMITT
Lange Straße 41, 96047 Bamberg
Telefon 09 51 / 29 78 00
www.hotel-messerschmitt.de

ECKERTS – GENUSS IM FLUSS

Genießen, wo Bamberg am schönsten ist

Wie ein Schiff ankert die einstige Mühle in der Regnitz und ist nur über Brücken zu erreichen. Das historische Anwesen ist ein Kleinod in der malerischen Altstadt – die Sehenswürdigkeiten des tausendjährigen Gesamtkunstwerkes lassen sich von hier bequem erkunden. Das Hotel Nepomuk mit seinen modernen Zimmern und das neue Wirtshaus Eckerts bieten hier genussreiche Erlebnisse: Treppe runter in die Stube zu lockerer Gastlichkeit. Das ist der Weg vieler Gäste im Eckerts, das mit hauseigenem Bier und täglich wechselnden regionalen und saisonalen Gerichten zu jeder Tages- und Nachtzeit das perfekte Ziel ist für Bamberger und die Gäste der Stadt. Frühstück in der Morgensonne, Mittagessen auch einmal schnell und preiswert mit den tagaktuellen Angeboten, nachmittags dann Kaffee und selbstgebackene Kuchen, und natürlich der Feierabend, wo nach entspanntem Essen gerne mit gekonnt gemixten Cocktails zwischen Kaminfeuer und stilvollen Tresen die Nacht eingeläutet wird. Die Treppe hoch steht man im Esszimmer und blickt auf das vertraute, geradlinig klare, holzwarme Ambiente, wie man es auch im Eckerts schätzt. Und doch ist es ein Erlebnis der anderen Art, und schon in der kreativen Menükarte im Visitenkartenformat zeigt sich der Grundgedanke des Esszimmers: einfach überraschen. Chefkoch Christian Hörner-Seiser reduziert Spitzengastronomie auf das reine Geschmackserlebnis. Er liebt es minimalistisch in der Optik, aber fulminant in Nase, Mund und Gaumen. Virtuos spielt er dabei mit drei Komponenten, die sich nebeneinander auf dem Teller finden, gleichzeitig genossen aber zu völlig überraschenden Höhenflügen ansetzen. Er setzt dabei konsequent auf die Region und deren versteckte Perlen, nach denen er bei kleinen, engagierten Zulieferern sucht. Und alles zur rechten Zeit. Denn absolute Frische ist nur möglich, wenn die zur Saison reifen Waren frisch vom Erzeuger – am liebsten am gleichen Tag geerntet und auf den Tisch gebracht – in die Küchen von Eckerts und Esszimmer in Bamberg wandern.

JURA-SAIBLINGSFILET AUF HERBSTTROMPETEN, CREMIGEM KÜRBISPÜREE UND ANANASESSENZ
Dieses Rezept finden Sie auf der Seite 134

ECKERTS
WIRTSHAUS & ESSZIMMER
Obere Mühlbrücke 9, 96049 Bamberg
Telefon 09 51 / 9 84 25 00
www.das-eckerts.de

AUF WELTREISE …

… im Hotel Göller

FRÄNKISCHER SAIBLING MIT ORIENTALISCHEM
GEMÜSE-COUSCOUS
*Dieses Rezept und weitere finden Sie auf den
Seiten 136 und 137*

Eines der leistungsfähigsten Hotels in Oberfranken ist das Hotel Göller in Hirschaid. Seine einzigartige Lage zwischen Bamberg, Forchheim, Erlangen und Nürnberg macht es zur komfortablen Drehscheibe für Reisende aus aller Welt. Die jahrzehntelange Erfahrung des Familienbetriebes sorgt für die herzliche Atmosphäre des Hauses. Klassifiziert als 3-Sterne-Superior-Hotel mit 120 Betten, bietet es einen ausgedehnten Wellness-Bereich mit Hallenschwimmbad und Sauna sowie moderne Tagungsräume. Buchen lassen sich die Annehmlichkeiten auch als Arrangements, Tagungspauschalen werden ebenfalls angeboten. Platz ist ausreichend vorhanden, bis zu 200 Personen können tagen, 180 Gäste können im Spiegelsaal ausgelassen feiern. Gerade bei privaten Feiern ist eine individuelle und persönliche Beratung unerlässlich, im Hotel Göller spricht man immer mit den Inhabern. Günther und Martine Werthmann führen das Hotel, Sohn Sebastian ist für die Küche verantwortlich. Jeder von den Dreien ist Spezialist und Universalist in Personalunion. Sebastian ist das jüngste Mitglied im Team. Seine Ausbildung hat er unter anderem bei Sterne-Koch Christian Henze absolviert. Jugendliche Experimentierlust in Kombination mit solidem Handwerk und selbstverständlicher Weltläufigkeit machen den Charme seiner Kreationen aus. Natürlich beherrscht er auch die fränkischen Klassiker. Dabei sind ihm regionale Produkte und saisonale Frische immer ein Anliegen. Vor dem Einstieg von Sebastian stand Küchenmeister Günther Werthmann am Herd, auch er ein Meister seines Faches – nicht nur die Steaks im Hotel Göller sind legendär. Martine Werthmann ist bei besonderen Anlässen für die süße Sparte zuständig. Torten und Kuchen aus der Hand der gelernten Konditorin sind eine exquisite Köstlichkeit. Kein Wunder, dass Catering und Partyservice der Werthmanns heiß begehrt sind, auch Hausgemachtes wie Senf, Gelees, Bockbierlikör oder das Ladyschnäpschen mit Blattgold finden sich nur hier – auf kulinarischer Weltreise im Hotel Göller …

HOTEL GÖLLER
Familie Werthmann
*Nürnberger Straße 96–100, 96114 Hirschaid
Telefon 0 95 43 / 82 40
www.hotel-goeller.de*

KÄSEBROT

Familie Oeffner serviert Biokäse und Steinofenbrot

S tellen Sie sich einen Bauernhof vor. Einen Biobauernhof mit Milchkühen, um genau zu sein. Und diese Kühe fühlen sich so wohl, dass sie täglich 20 Liter leckere Biomilch geben – jede Kuh, versteht sich. Es mag daran liegen, dass sie schmackhaftes und kräuterreiches Futter bekommen, sich frei im Stall bewegen können, gemütliche Ruheplätze haben und im Sommer sogar eine eigene Sonnenterrasse – wie auch immer, die Milch ist da. Im Überfluss. Wie wird man diesem delikaten und gesunden Rohstoff nun am besten gerecht? Ganz klar, mit Käse, in unserem Fall mit Biokäse. Genau das macht Familie Oeffner in Weiher, einem Ortsteil von Pommersfelden, seit 1993. Sie verarbeitet einen Teil ihrer Milch in der hofeigenen Käserei. Zu Weichkäse, Schnittkäse, Hartkäse und Frischkäse in ganz unterschiedlichen Geschmacksrichtungen und Sorten. Ständig werden neue Käsesorten entwickelt, ausprobiert und mit malerischen Bezeichnungen versehen. Weiherer Tatzbälle, Vollmondkäse, Goldtaler, Bärenkäse oder Räuber, um nur einige zu nennen. Auf die Ideen und Wünsche der anspruchsvollen Kunden wird gerne eingegangen, so ist der milde Bergkäse auf ausdrücklichen Kinderwunsch hin entstanden. Auch Quark und Joghurt werden in allen möglichen Zubereitungsformen angeboten, vom fränkischen „Ziebeleskäs" bis zum griechischen „Zaziki" ist alles dabei. Natürlich braucht es eine Unterlage für derlei Leckereien, und da der typisch fränkische Steinbackofen auf dem Hof steht, gibt es auch Brot. Roggenvollkornbrot, Dinkelbrot und Bauernbrot. Alle Brote werden ohne Hefe aus einem Natursauerteig nach Hausrezept hergestellt – die Farbe der herrlichen Kruste ist nur schwer zu beschreiben. Wer nun Appetit bekommen hat, kann die Bioprodukte der Oeffners natürlich auch kaufen. Entweder direkt auf dem Hof im angeschlossenen Hofladen. Oder vom mobilen Verkaufsstand auf einem der Bauernmärkte in der Umgebung. Die entsprechenden Termine und Öffnungszeiten finden sich online, oder man ruft einfach bei Familie Oeffner an …

WEISSENSTEINER AN BROTSALAT
MIT TOMATENMARMELADE
Dieses Rezept finden Sie auf der Seite 135

SPEZIALITÄTENKÄSEREI OEFFNER
Familie Oeffner
Weiher 3, 96178 Pommersfelden
Telefon 0 95 48 / 7 12
www.kaeseundbrot.de

Schützenhof

ESEL UND LAURENTIUS

Der Schützenhof pflegt überlieferte Werte

Seit den 60iger Jahren führt Familie Berndt den Schützenhof in Würzburg. Vor allem die gehaltvollen Beerenweine, wie Erdbeer-, Heidelbeer- oder Johannisbeerwein, machten das Haus von Anfang an zum Treffpunkt für Jung und Alt. Für „Jungfüchse", so nannte man damals die Erstsemester in den Burschenschaften, waren die hochprozentigen Weine eine echte Herausforderung. Es galt ja den „Schützenhofschein" zu bestehen, das heißt: mindestens 6 Gläser Beerenwein, danach zu Fuß an den Main und diesen schwimmend überqueren. Wohl dem, der seine Kleider ordentlich zu verstecken wusste. Denn sonst konnte es zu einer bösen Überraschung kommen.

1983 übernahmen Gudrun Berndt, gelernte Hotelmeisterin, und Uwe Bosacki, gelernter Konditor und Küchenmeister, den Familienbetrieb. Heute werden Ochsenschwanzragout, geschmorte Ochsenbäckchen mit Herbstgemüse – Petersilienwurzel, Möhren und Steckrüben – , Kässpatzen und Wildkräutersalat angeboten. Familien, auch Touristen und Würzburger sind es, die es genießen auf der Terrasse zu sitzen, den Blick vom Steigerwald ins Maintal nach Würzburg schweifen lassen und sich dabei einen Esel und ein Laurentius gönnen. Esel? Das ist eine Erfindung der Wirtsleute: Ein Eselskopf aus Laugenteig, gut durchzuschneiden und mit Butter zu bestreichen. „Laurentius" ist das Hausbier: Ein ungefiltertes Märzen in der Bügelflasche, benannt nach dem Sohn des Hauses, Lorenz Berndt und dem Schutzpatron der Köche, Laurentius.

Der selbstgebaute Holzspielplatz mit Baumhaus, das Sommertheater, die vielen Tiere wie Esel, Ochse und Pferd machen den Schützenhof zum liebenswerten Ausflugsziel für Familien. Dabei setzen die kreative Küche und das heimelige Ambiente gekonnt auf überlieferte Werte. Sei es in Form von Steckrüben und Haferrübchen auf der Speisekarte oder von liebevoll eingedeckten Holztischen mit Überwürfen aus Baumwolle und Leinen. Ein Gast sagte einmal zu Gudrun Berndt: „Ich kenne kein Restaurant, das die Jahreszeiten besser interpretiert als der Schützenhof".

BÄCKERSCHRECK
Dieses Rezept und ein weiteres finden Sie auf der Seite 138

SCHÜTZENHOF
Gudrun Berndt und Uwe Bosacki
Anfahrt über Frankenwarte
97082 Würzburg
Telefon 09 31 / 7 24 22
www.schuetzenhof-wuerzburg.de

REZEPTE

SCHILLINGSFÜRSTER FLATTERLING NACH DER GRAVISER HEPFI

(Gefülltes Täubchen nach Großmutters Art)

Flair Hotel Die Post, Seite 108

ZUTATEN FÜR 4 PERSONEN

4 junge Tauben à 350-400 g, 2 Zwiebeln, 200 g Sellerie, 200 g Karotten, 200 g Lauch, 1 l Gemüsebrühe, 100 ml Zwetschgenwasser 45 % vol., eingelegte, süße Zwetschgen, Knoblauch, Thymian, Salz, Pfeffer

FÜLLUNG

Tauben-Innereien wie Magen, Herz, Leber, 2–3 Semmeln vom Vortag, 1 EL Zwiebel, gehackt, 1 EL Petersilie, gehackt, 250 ml Fleischbrühe, 2 Eier, 40 g Butter, Salz, Pfeffer

KARTOFFELPÜREE

1 kg Kartoffeln, 250 ml Milch, 30 g Butter, Salz, Muskat

BEILAGEN

200 g Fingermöhrchen, 200 g Prinzessbohnen, Olivenöl zum Anbraten, 1 Prise Zucker, Salz, Pfeffer

ZUBEREITUNG

Die gesäuberten Innereien durch den Fleischwolf drehen und die feingeschnittenen Semmeln mit Fleischbrühe übergießen und ziehen lassen.

Die gehackten Zwiebeln in Butter glasig dünsten, Petersilie dazugeben und dann mit den Semmeln, den Innereien und den Eiern zu einer Farce vermengen. Mit Salz und Pfeffer abschmecken. Die Masse in eine Spritztülle geben und die Täubchen damit füllen. Nicht zu voll, da sich die Füllmasse beim Braten noch etwas ausdehnt. Die Täubchen vorne und hinten mit kleinen Holzspießen verschließen, mit Salz und Pfeffer würzen und in der heißen Pfanne ringsherum anbraten. Aus der Pfanne nehmen und warm stellen.

Sellerie, Karotten, Lauch und Zwiebeln würfeln und zusammen mit etwas Knoblauch und Thymian im heißen Bratfett scharf anbraten. Täubchen auf das Röstgemüse setzen, mit Gemüsebrühe aufgießen und für circa 40 Minuten bei 180 °C in den Backofen geben. Ab und zu werden die Täubchen gedreht und mit Brühe übergossen. Für das Kartoffelpüree die heißen, geschälten Kartoffeln mit der Kartoffelpresse in die heiße Milch drücken, Butter dazugeben, mit Salz und etwas Muskat würzen und glatt rühren. Im Wasserbad warm stellen.

Das Gemüse in Olivenöl anbraten und bei geringer Temperatur ziehen lassen. Mit Zucker, Salz und Pfeffer würzen.

Mit einem Thymianzweig anrichten und die halbierten Täubchen mit Zwetschgen und Zwetschgenwasser flambieren.

Dazu passt ein trockener Frankenriesling.

COLMBERGER BURGSTEAK VOM HIRSCH MIT SCHUPFNUDELN UND SPECKROSENKOHL

Burg Hotel Colmberg, Seite 110

ZUTATEN FÜR 4 PERSONEN

800–900 g Hirschrücken, Butter zum Anbraten, Lorbeerblätter nach Geschmack, Wacholderbeeren nach Geschmack, Salz, Pfeffer

SCHUPFNUDELN

600 g mehlig kochende Kartoffeln, 120 g gesiebtes Mehl, 2 Eigelb, Butter zum Anbraten, Salz, Muskat

SPECKROSENKOHL

1 kg Rosenkohl, 200 g Speckwürfel, 200 g Zwiebelwürfel, etwas Butter, Salz, Pfeffer

ZUBEREITUNG

Für das Hirschsteak aus den Gewürzen im Mörser eine Gewürzmischung herstellen.

Fleisch in gleichmäßig dicke Steakscheiben schneiden. Fleisch leicht plattieren, würzen und in der Pfanne bei hoher Hitze auf allen Seiten scharf anbraten. Anschließend bei geringer Hitze sanft rosa durchziehen lassen.

Für die Schupfnudeln Kartoffeln schälen und in Salzwasser weich kochen. Kartoffeln abschütten und durch eine Kartoffelpresse pressen. Die Kartoffelmasse vollständig ausdampfen und erkalten lassen. Eigelb unter die Kartoffelmasse geben und zu einem glatten Teig vermengen.

Mit Salz und Muskat abschmecken. Anschließend vom Teig auf einer bemehlten Arbeitsfläche lange, 1,5 Zentimeter dicke Rollen formen. Von den Rollen wieder 2 Zentimeter dicke Scheiben schneiden. Diese Scheiben, durch links-rechts Bewegung mit der Handinnenfläche, auf der Arbeitsflächen ausrollen und so zu der typischen ovalen Schupfnudelform formen.

Die rohen Schupfnudeln in kochendem Salzwasser garen. Wenn sie oben schwimmen, noch kurz ziehen lassen. In gesalzenem Eiswasser abschrecken und vor dem Servieren in Butter goldbraun anbraten.

Für den Speckrosenkohl Rosenkohl putzen und vierteln. In kochendem Salzwasser bissfest kochen, in Eiswasser abschrecken.

Speck in der heißen Pfanne auslassen, Zwiebelwürfel hinzu-geben. Wenn die Zwiebelwürfel glasig sind, den Rosenkohl mit etwas Butter hinzugeben. Mit Salz und Pfeffer abschmecken. Rosenkohl leicht anbräunen.

REZEPTE

TAFELSPITZ MIT DILL-MEERRETTICH-SAUCE UND SALZKARTOFFELN
Hotel Adlerbräu, Seite 114

ZUTATEN FÜR 4 PERSONEN
TAFELSPITZ
1 kg Tafelspitz, 150 g Wurzelgemüse (Karotten, Sellerie, Lauch), 1 Lorbeerblatt, 4 Wacholderbeeren, Pfefferkörner nach Geschmack, Salz

DILL-MEERRETTICHSAUCE
80 g Mehl, 60 g Margarine, 500 ml Milch, 500 ml Rinderbrühe, 1 Spickzwiebel (Zwiebel gespickt mit 1 Lorbeerblatt und Gewürznelken), 1 EL Dill, 1 Glas Meerrettich, 1 Stück frischer Meerrettich, Salz, Muskat

SALZKARTOFFELN
1 kg Kartoffeln, Salz

ZUBEREITUNG
Den Tafelspitz in circa 5 Liter kaltem Wasser ansetzen und langsam aufkochen. Etwa 1 Stunde köcheln, dann das Wurzelgemüse, Lorbeerblatt, Wacholderbeeren und die Pfefferkörner zugeben und das Fleisch weich kochen. Fleisch aus dem Sud nehmen und warm stellen.
Für die Dill-Meerrettich-Sauce schwitzt man das Mehl in der Margarine an und füllt mit Brühe und Milch auf. Die Spickzwiebel zugeben, mit Salz und Muskat würzen und circa 20 Minuten köcheln lassen. Sauce passieren und Meerrettich und Dill einrühren. Mit frisch geriebenem Meerrettich bestreuen.
Für die Salzkartoffeln die Kartoffeln schälen, halbieren und in Salzwasser gar kochen.
Den Tafelspitz aufschneiden, mit den Kartoffeln anrichten und mit der Meerrettich-Sauce übergießen.

CARPACCIO
Bürgerreuth, Seite 116

ZUTATEN FÜR 4 PERSONEN
350 g mageres Rinderfilet (nicht zu lange abgehangen) 80 g Parmesan am Stück, 2 Zitronen, Olivenöl, kaltgepresst, Salz, Pfeffer aus der Mühle

Das Rinderfilet am Stück in Frischhaltefolie einwickeln, ins Tiefkühlfach legen und circa 1 Stunde tiefkühlen lassen, damit man es besser schneiden kann.
Mit einem sehr scharfen, großen Messer oder mit einer Aufschnittmaschine hauchdünne Scheiben aufschneiden. Die Scheiben auf dem Teller in einer Schicht verteilen und vorsichtig mit Salz und Pfeffer würzen. Den Saft einer halben Zitrone über jeweils eine Portion Carpaccio verteilen. Danach das Olivenöl gut auf den Rinderfiletscheiben verteilen und mit dem Löffelrücken leicht ins Fleisch einmassieren. Zum Schluss den Parmesan in feine Scheibchen hobeln und über das Fleisch streuen. Buon Appetito!

MAIN-ZANDER MIT FENCHEL UND PETERSILIE AUF ROTE-BEETE-SPÄTZLE
Hotel Messerschmitt, Seite 120

ZUTATEN FÜR 4 PERSONEN
4 Zanderfilets à 170 g, 2 EL Butter, Salz, Pfeffer

SPÄTZLE
*400 g Mehl, 4 Eier, 250 ml Rote-Beete-Saft, etwas Butter,
Muskat, Salz, Pfeffer*

*4 Fenchelknollen, 2 Rote Beeten, 1 TL Anis (nach
Belieben), 1 kleiner Bund glatte Petersilie, 1 TL Zitronensaft, 60 ml Milch, 100 ml Sonnenblumenöl, 1 TL Olivenöl*

ZUBEREITUNG
Zanderfilets waschen, trocken tupfen und mit Salz und
Pfeffer würzen. Dann bei 75 °C Umluft für circa 15 bis
20 Minuten in den Ofen legen.

Aus Mehl, Eiern, 150 Milliliter Rote-Beete-Saft, Salz, Pfeffer
und Muskat einen Spätzleteig kneten. Den Teig mit einem
Spätzlehobel in kochendes Salzwasser schaben. Die
Spätzle sind fertig, wenn sie nach 2–3 Minuten oben
schwimmen. Mit einem Sieb abschöpfen und in kaltem
Wasser abschrecken.
Die Fenchelknollen vom Fenchelgrün (zum Garnieren
aufbewahren) befreien, schälen und im Ganzen in Salz-
wasser circa 20 Minuten bissfest garen. Die ungeschälten
Roten Beeten in Salzwasser mit etwas Anis bissfest garen.

Danach auskühlen lassen. Petersilie zupfen, waschen,
hacken und beiseitestellen. In einer hohen Schüssel Milch
und Zitronensaft mit Stabmixer mixen. Langsam das
Sonnenblumenöl und zuletzt die Petersilie hinzugeben bis
eine glatte Creme entsteht.
Rote Beeten schälen, in circa 1,5 Zentimeter dicke Scheiben schneiden und mit einem Plätzchen-Ausstecher
kleine Taler ausstechen. Restliche Rote Beeten pürieren
und mit Salz, Anis und Olivenöl abschmecken.
Zum Anrichten Butter in einer Pfanne schmelzen. Zander
aus dem Ofen nehmen und auf der Hautseite knusprig
braten.
Die Spätzle mit Butter in der Pfanne schwenken und mit
dem restlichem Rote-Beete-Saft ablöschen.
Die Fenchelknollen in Spalten schneiden und mit den
Rote-Beete-Talern kurz im Ofen erwärmen.
4 vorgewärmte Teller mit Petersiliencreme und Rote-
Beete-Püree garnieren. Spätzle und Zanderfilet darauf
anrichten. Fenchel und Rote Beete anlegen und mit
Fenchelgrün und Petersilie garnieren.

REZEPTE

JURA-SAIBLINGSFILET AUF HERBSTTROMPETEN, CREMIGEM KÜRBISPÜREE UND ANANASESSENZ

Eckerts – Wirtshaus & Esszimmer, Seite 122

ZUTATEN FÜR 4 PERSONEN

500 g Jura-Saiblingsfilet, etwas Butter, Salz, Pfeffer

HERBSTTROMPETEN

500 g gewaschene Herbsttrompeten, 1 Schalotte, Öl zum Anbraten, Salz, Pfeffer

KÜRBISPÜREE

500 g Kürbiswürfel, 1 Schalotte, Butter zum Anbraten, Muskat, Salz, Pfeffer

ANANASESSENZ

1 Ananas

ZUBEREITUNG

Die Jura-Saiblingsfilets in 5 gleiche Stücke portionieren. Die Filets salzen und pfeffern und auf einem gebutterten Blech bei 150 °C circa 7 Minuten garen.
Die Schalotte schälen und fein würfeln. Öl in einer Pfanne erhitzen, die Schalottenwürfel und die gewaschenen Herbsttrompeten darin anbraten. Mit Salz und Pfeffer würzen und fertig garen.
Für das Kürbispüree die Schalotte schälen und fein würfeln. Die Kürbiswürfel mit den Schalottenwürfeln in Butter anbraten, dabei keine Farbe annehmen lassen.

Mit Salz, Pfeffer und Muskat würzen. Im vorgeheizten Backofen abgedeckt bei 180 °C weich schmoren. Auf ein Sieb geben und Flüssigkeit reduzieren. Fein mixen und abschmecken.
Für die Ananasessenz die Ananas schälen und mit Strunk fein würfeln. Die Ananaswürfel mit etwas Wasser pürieren. In ein Sieb über einem Topf geben und für circa 3 Stunden abtropfen lassen. Danach auf dem Herd so lange einkochen, bis sich Blasen bilden.

WEISSENSTEINER AN BROTSALAT MIT TOMATENMARMELADE

Spezialitätenkäserei Oeffner, Seite 126

ZUTATEN FÜR 4 PERSONEN

250 g Weißensteiner nach Camembert Art

BROTSALAT

200 g Roggenvollkornbrot, 1 mittelgroße Zwiebel, 1 rote Tomate, 1 gelbe Tomate, 1/3 Salatgurke, 50 g Butter, Balsamico Essig hell, Senf, Honig oder Zucker, Wasser, etwas Olivenöl, Petersilie, Himalajasalz, Pfeffer aus der Mühle

TOMATENMARMELADE

300 g aromatische Tomaten, 1 kleine Zwiebel, 1 Knoblauchzehe, 1 TL Olivenöl, 50 g Zucker, 2 EL Balsamico Essig hell, 2 EL frisch gehacktes Basilikum, Himalajasalz , Pfeffer aus der Mühle

ZUBEREITUNG

Für den Brotsalat Vollkornbrot in kleine Würfel schneiden und trocknen lassen, in einer Pfanne mit Butter kräftig rösten, dann in eine Schüssel geben.

Die Zwiebel würfeln, in etwas Öl andünsten, Senf, Honig, Salz, Pfeffer und Balsamico dazugeben, abschmecken und über die Brotwürfel geben. Klein geschnittene Tomaten und Gurke, Petersilie und1 Teelöffel Olivenöl dazugeben und abschmecken.

Für die Tomatenmarmelade den Stielansatz der Tomaten entfernen. Die Tomaten kurz in kochendes Wasser legen, abschrecken, häuten und vierteln, dabei Kerne und wässriges Fruchtfleisch entfernen. Zwiebeln und Knoblauch schälen, fein würfeln und in Olivenöl andünsten. Zucker und Tomaten dazugeben, mit Essig ablöschen. Alles bei kleiner Hitze 10 Minuten kochen. Basilikum fein hacken und unterrühren. Marmelade mit Salz und Pfeffer abschmecken und in ein Schraubglas füllen.

Zum Anrichten den Weißensteiner in dünne Scheiben schneiden, diese schräg halbiert auf Teller legen, mit Tomatenmarmelade bestreichen und mit dem Brotsalat anrichten. Mit Ringelblumenblüten und Kräutern garnieren.

REZEPTE

FRÄNKISCHES SILVANERSÜPPCHEN MIT FRANZÖSISCHER OLIVENTAPENADE
Hotel Göller, Seite 124

ZUTATEN FÜR 4 PERSONEN
SUPPE
500 ml Silvaner, 200 ml weißer Tomatensaft,
300 ml Sahne, 1 Zwiebel, 1/2 EL Mehl, 30 g Butter,
Zucker, Salz, weißer Pfeffer

TAPENADE
100 g Oliven, 1 Knoblauchzehe, 20 g Kapern,
1 Sardelle, 100 ml Olivenöl, 1 EL Zitronensaft, Salz, Pfeffer

ZUBEREITUNG
Zwiebel hacken und in einem Topf mit der Butter bei
geringer Hitze glasig schwitzen. Mit Mehl bestäuben, kurz
angehen lassen und dann mit Silvaner, Tomatensaft und
Sahne aufgießen. Kräftig aufkochen und anschließend
fein pürieren. Mit Salz, weißem Pfeffer und etwas Zucker
abschmecken.
Für die Tapenade Oliven, Knoblauch, Kapern, Sardelle
und Olivenöl im Mixbecher grob pürieren und anschließend in einer Schüssel mit Zitronensaft, Salz und Pfeffer
abschmecken.
Dazu recht man französisches Stangenweißbrot.

FRÄNKISCHER SAIBLING MIT ORIENTALISCHEM GEMÜSE-COUSCOUS
Hotel Göller, Seite 124

ZUTATEN FÜR 4 PERSONEN
4 Saiblinge, küchenfertig, 1 Zitrone, 1 Limette, etwas Mehl
Butter oder Öl zum Braten

COUSCOUS
500 ml Gemüsebrühe, 150 g Couscous, 2 Karotten,
100 g Zuckerschoten, 1/2 Zwiebel, 1 Knoblauchzehe
1 EL Garam Masala, 1/2 EL Curry, etwas frischer Koriander,
2 EL Olivenöl, Salz

ZUBEREITUNG
Karotten, Zuckerschoten und Zwiebel fein würfeln und
in Öl sanft anbraten. Couscous, gehackten Knoblauch,
Garam Masala und Curry kurz mitrösten, dann mit der
Gemüsebrühe aufgießen. Einmal kurz aufkochen und bei
geschlossenem Deckel 20 Minuten ziehen lassen. Mit Salz
und frischem Koriander abschmecken.
Saiblinge mit Zitronen- und Limettenecken füllen und in
Mehl wenden. Anschließend goldbraun in der Pfanne braten.
Vor dem Anrichten die Aromaten entfernen.

LAMM „TAHITI" MIT JUNGEM BLATTSPINAT
Hotel Göller, Seite 124

ZUTATEN FÜR 4 PERSONEN
1 kg Lammkarree, Salz, Pfeffer

SPINAT
300 g junger Spinat, 1/2 Zwiebel, 20 g Butter,
1 Tahiti-Vanilleschote, 200 g Kirschtomaten, Salz, Pfeffer

ZUBEREITUNG
Lamm parieren und bei großer Hitze von allen Seiten
kurz anbraten. Dann im vorgeheizten Ofen bei 100 °C in
circa 15 Minuten rosa garen.
In der Zwischenzeit wird die Zwiebel gewürfelt und in
einer möglichst großen Pfanne in der Butter hell angebraten. Die Vanilleschote der Länge nach halbieren und
das Vanillemark zusammen mit den geviertelten Kirschtomaten kurz mitbraten. Von der Hitze nehmen und die
jungen Spinatblätter dazugeben. Mit Salz und Pfeffer
abschmecken.

FRÄNKISCHE APFELKÜCHLE MIT ASIATISCHEM ZITRONENGRASEIS
Hotel Göller, Seite 124

ZUTATEN FÜR 4 PERSONEN
KÜCHLE
4 Granny Smith Äpfel, 200 g Mehl, 150 ml Bier, 2 Eier,
2 l Pflanzenöl, Salz

EIS
250 g Zitronengras, 500 ml Weißwein, 500 ml Wasser,
500 g Zucker, 1 Zitrone, 150 g Glukose

ZUBEREITUNG
Äpfel schälen, Kerngehäuse ausstechen, in circa 1 Zentimeter dicke Ringe schneiden. Für den Teig das Mehl in
eine Schüssel, Eier zugeben und verrühren. Das Bier
unterrühren und mit Salz abschmecken. Die Apfelringe
durch den Teig ziehen und goldbraun im heißen Pflanzenöl ausbacken.
Für das Eis wird das Zitronengras in Wasser, Weißwein
und Zucker für circa 2 Stunden gekocht, dabei sollte
sich die Flüssigkeit um etwa die Hälfte reduzieren. Dann
durch ein feines Sieb geben und die Glukose einrühren.
Mit Zitronensaft abschmecken und in die Eismaschine
geben.

REZEPTE

BÄCKERSCHRECK
Schützenhof, Seite 128

ZUTATEN FÜR 4 PERSONEN

6 trockene Brötchen, 250 ml Milch, 4 Eier, 200 g Zucker, 1 TL Vanillezucker, 2 EL Semmelbrösel, 1 TL Backpulver

ZUBEREITUNG

Brötchen in Scheiben schneiden, in eine Schüssel geben und mit der erhitzten Milch übergießen. Zugedeckt 15 Minuten stehen lassen. Inzwischen Eier und Zucker schaumig rühren und über die Brötchenmasse geben. Backpulver und Vanillezucker dazugeben, vermischen und das Ganze in eine vorgefettete, mit Semmelbröseln ausgekleidete Kastenform geben und bei 180 °C circa 35 Minuten backen. Stürzen und in 2 Zentimeter dicke Scheiben schneiden.

Je nach Jahreszeit können dazu Rhabarberragout, Kirschkompott, frische Himbeeren, Zimtpflaumen oder Quittenragout schmecken – am besten abgerundet mit einer Kugel Vanilleeis, Vanillesauce oder gerösteten Walnüssen. Der Bäckerschreck ist ein typisches „Freitagsessen". Woher der Name kommt?

Hier wurde einfach das verwertet, was so in der Bäckerei nicht zum Verkauf geeignet war. Brötchen vom Vortag, Anschnitte von Kuchen oder auch mal ein Hörnchen, das vielleicht zum Schrecken des Bäckers zu lange im Ofen war.

OCHSENSCHWANZRAGOUT
Schützenhof, Seite 128

ZUTATEN FÜR 4 PERSONEN

1,5 -2 kg Ochsenschwanz (vom Metzger im Gelenk durchschneiden lassen), 2 EL Butaris (Butterschmalz), 1 mittelgroße Zwiebel, 1 Karotte, 50 g Knollensellerie, 40 g Weißes vom Lauch, 0,2 l Rotwein, 0,3 l Grandjus (Saucenfond dunkel), 1 EL Tomatenmark, 2 EL Mehl, 2 Nelken, 1 TL Pfefferkörner schwarz, 5 Wacholderbeeren 3 Lorbeerblätter, 2 Knoblauchzehen

ZUBEREITUNG

Ochsenschwanzstücke salzen und pfeffern. Butaris in einem Bräter erhitzen und die Stücke scharf anbaten (richtig braun). Gemüse würfeln und ohne Lauch anrösten. Lauch dazugeben und mitrösten (Lauch verbrennt sehr schnell), dann Tomatenmark zugeben und weiterrösten und zum Schluss die Knoblauchzehen kurz mitrösten. Anschließend mit Rotwein mehrmals ablöschen und einreduzieren, der Schmoransatz soll richtig dunkelbraun sein. Mit Mehl stäuben und nochmal mitrösten, dann mit dem restlichen Rotwein und Saucenfond auffüllen. Aufkochen, Gewürze zugeben und abdeckeln. Im vorgeheizten Backofen bei 160 °C circa 2 Stunden schmoren. Die Fleischstücke garen sehr unterschiedlich, deshalb jedes Stück mit einer Fleischgabel anstechen. Wenn sie weich sind, gibt man sie in einen Topf. Die Sauce entfetten und mit einer Prise Zucker, eventuell mit Salz und Pfeffer abschmecken. Die Sauce passieren, zum Fleisch geben und nochmals aufkochen.

Mit Petersilie oder Thymian garnieren. Als Beilage passen Eierspätzle, Nudeln, Klöße, Semmelklöße oder ein Kürbis-Kartoffelpüree. Guten Appetit.

WEINZEIT

Lebenselixier, Kulturgut, Ware

Wein ist untrennbar verbunden mit der Kulturgeschichte der Menschheit, wenn auch nicht immer und überall Trauben die Grundlage bildeten und bilden. „Der Geist kann nicht im Trockenen wohnen", dieser Satz wird dem Hl. Augustinus zugeschrieben.

Zunächst war der Wein in unseren Breiten das einzige haltbare und auch hygienische Getränk, sauberes Wasser war meist nicht verfügbar. Die Mischung mit Wein senkte den Keimgehalt des Wassers wirkungsvoll, damit war es nicht gesundheitsschädlich. Zu dieser Zeit standen nicht die sensorischen Vorzüge des Weins im Vordergrund, sondern seine gesundheitlichen Wirkungen. Die Verfügbarkeit ging über alles, im Anbau waren viele „grobe" Sorten, ausschließlich im Mischsatz.

Mit zunehmendem Wohlstand wuchsen die Ansprüche – auch an die Weine. Qualität durch Beschränkung auf beste Lagen, Auswahl wertvoller Rebsorten, Verbesserung der Anbautechnik und Kenntnis der Prozesse der Weinerzeugung. Es gab legendäre Herkünfte und Jahrgänge, sie brachten unverwechselbare Charaktere, im Glas nachvollziehbar. Das Entdecken und Kennenlernen dieses unerschöpflichen Facettenreichtums bedeutete Faszination – Wein, ein Mythos.

Die Schnelllebigkeit regiert die Jetztzeit: Optimierte Produktionsverfahren, weitestgehende Automatisierung, schneller Umschlag, unkomplizierter Konsum. Der Wein entfernt sich allzu schnell von seinen Wurzeln. Normen sind das Wesen einer globalisierten Welt (Mainstream). Die Kultur lebt von der Vielfalt, der Einzigartigkeit. Der Reichtum des Lebens besteht aus vielen kleinen Details.

In vielen Lebensbereichen gibt es die Erkenntnis, dass das technisch Machbare nicht per se das Bessere ist. Körper und Geist brauchen Nahrung. Der Wein kann uns subtile Erlebnisse vermitteln, die unser Innerstes erreichen. Dazu braucht der Wein Persönlichkeit: Standort, die Hand des Winzers, seine Geduld, Reifung als evolutionärer Prozess, von individuellen Gegebenheiten beeinflusst, unverwechselbar und einmalig, nicht beliebig wiederholbar – auch mit Ecken und Kanten, Eigenheiten. Ausdrucksstark, erhaben, groß, mit Zukunft oder rustikal, deftig für den täglichen Schoppen – niemals genormt, beliebig austauschbar. Historische Rebsorten, Steillagen, Handarbeit, Eichenholzfässer und angemessene Zeit sind dabei unverzichtbar.

In unserem Hause leben wir diese Individualität. Konsequente Handlese nur vollreifer Trauben, regelmäßig bis in den November, ja Dezember hinein. Die Vorklärung erfolgt nicht allzu scharf – Spontangärung macht Lage und Jahrgang tiefer erlebbar.

SPÄT-Lese in des Wortes ureigenster Bedeutung: eben nicht nach Öchslegraden. Die feinen traubeneigenen Aromen, die reifen Säuren entstehen erst durch Zeit. Es ist wie bei den Boskop-Äpfeln. Gepflückt im Oktober sind sie hart, sauer und ohne ausgeprägte Aromen. Die Zeit im dunklen Keller, sogar ohne Sonne und ohne Baum macht sie mild, aromatisch und delikat. Solche Weine sind bewusst anders – sie verlangen förmlich, sich auf sie einzulassen, das angeregte Gespräch mit ihnen zu suchen. Solche Weine können viel erzählen. Solche Weine wollen erschlossen werden, sind bei flüchtiger Verkostung nicht so leicht einzuordnen. Wir nehmen in weniger reifen Jahren keine Säure weg, ebenso wenig setzen wir in reifen Jahren Säure zu. Wir nehmen uns diese Freiheit. „Die Freiheit muss bestehen" war der Wahlspruch von Johann Thürauf, Erwerber der Glocke 1898. Einen zunehmend größeren Teil unserer Weine bieten wir deshalb unter seinem Namen „Johann Thürauf" als Landwein an. Die Weine sollen so bleiben dürfen, wie sie gewachsen sind. Von „Kosmetik" und „plastischer Chirurgie" in unserem Metier halten wir nichts.

Der Wein kann uns unser Leben lang begleiten, um alle Weine kennenzulernen, reicht ein Menschenleben nicht aus. Es ist die schönste Art, ein Land kennenzulernen, indem man den Wein trinkt, der dort wächst."

Herzlichen Dank an Albert Thürauf vom südlichsten Weingut Frankens, der „Glocke" in Rothenburg ob der Tauber, für diesen stimmungsvollen Text. Er ist zugleich ein gutes Beispiel für die Individualität der einzelnen Weine und Weingüter. Gönnen Sie sich unbedingt das Vergnügen, die Weingüter zu besuchen, deren ganz eigene Ästhetik zu entdecken, mit dem Winzer zu plaudern – und natürlich die Weine zu verkosten. Machen Sie sich auf den Weg zum Hofgut Hörstein, zur Familie Kraemer in Auernhofen, dem Thomashof in Eibelstadt, zu Gerald Poth in Röttingen, den Luckerts in Sulzfeld, dem Patrizierhof in Großlangheim, dem Winzerhof Burrlein in Mainstockheim, den Müllers in Volkach, dem Ilmbacher Hof in Iphofen oder zum Weingut Martin in Homburg. Irgendwo wartet ganz bestimmt auch Ihr ganz persönlicher Lieblingswein ...

OEKO-LOGISCH

Der Hof von Familie Kraemer

HÜFTSTEAK VOM GELBVIEH MIT
WINTERGEMÜSE UND KARTOFFELWOLLE
Dieses Rezept finden Sie auf der Seite 180

Seit vielen Generationen bewirtschaftet Familie Kraemer ihren Bauernhof im beschaulichen Auernhofen. Der anerkannt ökologische Land- und Weinbau wird nach den Richtlinien des Anbauverbandes „Naturland" betrieben. Auf den Ackerflächen wachsen Brotgetreide, verschiedene Gemüse, Leguminosen, Kleearten und vieles mehr. Eine kleine Mutterkuhherde für die „Seele des Betriebsleiters" und Hühner komplettieren die Landwirtschaft. Die sonnenverwöhnten Steillagenweinberge liegen im Taubertal, an der Romantischen Straße, vor den Toren Rothenburgs ob der Tauber. Im Weinbau werden bis auf Regent Rosé nur Weißweine erzeugt. Viele der Weine werden fränkisch trocken ausgebaut und spontan vergoren, um charaktervolle, eigenständige Weine zu erhalten. Was im Weinberg reift, wird im Keller auch so erhalten. Der Verzicht auf Schönungsmittel und Weinbehandlungsmittel ist dabei Herzenssache. Die Kraemers wollen Weine im Keller haben, deren Herkunft erkennbar ist, die einen eigenen Kopf haben und die sich die Freiheit nehmen dürfen, zu reifen. Durch die natürliche Erzeugung heimische Produkte von höchster Qualität anzubieten, so lautet der Anspruch. Dies alles wird einmal jährlich von einem unabhängigen, staatlich anerkannten Institut auf einwandfreie, ökologische Wirtschaftsweise kontrolliert und zertifiziert.

Auch zum Feiern in fröhlicher Runde bietet der romantische Hof ein gemütliches, rustikales Ambiente. Der renovierte Gewölbekeller bietet Platz für bis zu 55 Personen. Ob Weinproben mit Vesper, feine Menüs oder gesellige Abende: die Küche bietet für jeden Anlass das passende Essen. Die frischen und jahreszeitlichen Zutaten stammen aus der Region und aus ökologischer Erzeugung. Die Höhepunkte jedes Jahres sind das Sommerweinfest im Juni und die Genusswochenenden an jedem Novemberwochenende.

KRAEMER
ÖKOLOGISCHER LAND- & WEINBAU
Simone & Stephan Kraemer
Lange Dorfstraße 24, 97215 Auernhofen
Telefon 0 98 48 / 9 68 45
www.kraemer-oeko-logisch.de

FACETTEN DES GENUSSES

Stilvolles Spektrum im Weinforum Franken

FRÄNKISCHER WILDSAURÜCKEN MIT ZWIEBEL-
BIRNEN-MARMELADE AN STECKRÜBENPÜREE
Dieses Rezept finden Sie auf der Seite 181

Die Idee von Beate Osterheider-Haas war gewagt. In unmittelbarer Nähe zu selbst vermarktenden Winzern und Genossenschaften wollte sie eine private Vinothek etablieren. Mit der Möglichkeit sich zu treffen und auszutauschen, Wein und Kultur zu genießen und vielleicht eine Kleinigkeit zu essen. Aus der Idee ist das Weinforum Franken geworden – und die Umsetzung des Projektes ist mehr als gelungen. Vor allem das historische Anwesen mitten in Eibelstadt, hochengagiert aus- und umgebaut von Architekt Edmund Haas, ist ein Glücksfall, den es zu entdecken gilt. Hier treffen alte Balken und Bruchsteinmauern auf moderne Kunst und klassische Möbel, eine verblüffende Lichtführung und liebevolle Details erwarten den Besucher.

Die Vinothek umfasst eine Auswahl von 18 Winzern, die Terroirs Buntsandstein, Muschelkalk und Keuper werden repräsentiert. In der Schatzkammer, dem Gewölbekeller aus dem 15. Jahrhundert, lagern die raren Köstlichkeiten, auch stimmungsvolle Verkostungen finden hier statt. Mit Restaurantchefin Yvonne Pfeuffer und ihrem Mann Achim als Küchenchef konnten kongeniale Partner gewonnen werden. Der Service ist aufmerksam und herzlich, und die Küche bedient sich phantasievoll und pfiffig aus Jahreszeit und Region. Die Showküche erlaubt originelle Events und ist auch großen Feierlichkeiten und Veranstaltungen gewachsen. Kräuter, Obst und Gewürze werden im hauseigenen Aromagarten geerntet, im Sommer sitzt der Gast hier umweht vom Duft der Quitten. Im oberen Teil des alten Gemäuers befindet sich das Hotel. Die individuellen Zimmer werden mit Begriffen aus der Weinterminologie benannt, Kabinett oder Auslese sind Sinnbild des Wohncharakters. Tagungen und Vorträge finden meist im ehemaligen Kinosaal des Baudenkmals statt, hier thematisiert ein Wandbild von Rainer Sieke die „Eibelstädter Lügensteine". Wer an einem lauen Sommerabend vor dem Weinforum Franken sitzt und so ein Piazza-Gefühl verspürt, hat die Idee von Beate Osterheider-Haas verstanden ...

WEINFORUM FRANKEN
*Hauptstr. 37, 97246 Eibelstadt
Telefon 0 93 03 / 9 84 50 90
www.weinforum-franken.de*

Das Leben
ist zu kurz,
um schlechten
Wein zu trinken

QUALITÄT AUS ERFAHRUNG

Wein vom Eibelstädter Thomashof

Im Maintal, vor den Toren von Eibelstadt, liegt ein großzügiger Gutshof im fränkisch-mediterranen Stil: der Thomashof. Hier lebt und arbeitet die Winzerfamilie Hures. Winzermeister Karl-Dieter Hures gilt als Institution im Eibelstädter Weinbau. Als Gründungsmitglied des örtlichen Weinbauvereins war er über 16 Jahre auch dessen erster Vorsitzender. Seine Leidenschaft für den Weinbau ließ ihn schon 1980 erste Versuche mit den Sorten Portugieser, Schwarzriesling und Dornfelder unternehmen – Pionierleistungen im Anbau von fränkischem Rotwein.

So viel Erfahrung spricht sich natürlich herum. Weltweit. Studenten aus aller Herren Länder absolvieren ihre Praxissemester auf dem Thomashof und mehr als 30 Auszubildende haben bislang von diesem Wissen profitiert.

Mittlerweile arbeitet auch ein Sohn der Familie, Matthias Hures, als geprüfter Techniker für Weinbau und Önologie auf dem Hof. Er kümmert sich um den Ausbau der Weine im Keller, das Marketing und die Pflege der Weinberge. Seine Mutter Margit ist Ansprechpartnerin für Kundenwünsche jeder Art. Sie organisiert Weinverkauf und Heckenwirtschaft, plant Feierlichkeiten und Feste und managt die tägliche Routine.

Die Gesamtanbaufläche des Weingutes beträgt circa elf Hektar, beim Weißwein werden acht Rebsorten angebaut, beim Roten sind es sieben. Der Anteil der Rotweine, die übrigens im Barrique ausgebaut werden, liegt bei ca. 25 Prozent. Nicht vergessen wollen wir die Perlweine oder Seccos, zwei Sorten der prickelnden Gaumenschmeichler werden produziert.

Die Vermarktung der Weine erfolgt im Direktverkauf an Privatkunden. Onlinebestellungen und weltweiter Versand zeigen eine deutlich steigende Tendenz. Auch die Gastronomie bedient sich gerne aus den Kellern des Thomashofes, es wird auch ein Lieferservice angeboten. In den Wintermonaten widmet man sich aus alter Tradition der Brennerei. Eigenes Obst wird nach der Devise „Klasse statt Masse" zu fruchtig-milden Edelbränden verarbeitet.

WEINGUT THOMASHOF
Familie Hures
Thomashof 1, 97246 Eibelstadt
Telefon 0 93 03 / 5 17
www.weingut-thomashof.de

BLÜHENDE WEINBERGE

Gerald Poth pflegt in Röttingen den naturnahen Weinbau

Für die Bodenstruktur und den Humusgehalt eines Weinberges gibt es nichts Besseres als blühende Kräuter und Gräser. Sie bieten Lebensraum für nützliche Insekten, die das natürliche Gleichgewicht positiv beeinflussen, sodass – in Verbindung mit der sogenannten Verwirrmethode – auf den Einsatz von Insektiziden verzichtet werden kann. Gezieltes Entblättern, intensive Laubarbeit und ein reduzierter Rebenanschnitt helfen bei der Eindämmung von Schadpilzen. Selektive Handlese der Trauben und eine schonende Ganztraubenpressung bewahren und pflegen die Qualität der Ernte, der trockene, schwefelarme Ausbau der Weine wirkt gesundheitsfördernd. So aufwändig produziert Gerald Poth Jahr für Jahr eigenständige und vielfach prämierte Tropfen. In den Lagen „Röttinger Feuerstein" und „Tauberrettersheimer Königin" baut er auf 5,9 Hektar neben den herkömmlichen fränkischen Rebsorten mit dem Schwerpunkt Riesling auch eher exotische Sorten wie Traminer und Zweigelt an. Der steten Nachfrage nach Rotweinen entspricht er unter anderem mit der autochthonen Rebsorte Tauberschwarz – einer Herzensangelegenheit von Gerald Poth. Der Riesling des Hauses dient als Grundwein für den spritzigen Winzersekt.

Das Weingut Poth blickt auf eine lange Tradition zurück: Die Renaissance des Röttinger Weinbaus, der ursprünglich bis ins 12. Jahrhundert zurückreicht, begann 1920 mit dem aus der Pfalz stammenden Winzer und Küfer Wilhelm Poth. Er brachte die Stammerziehung der Reben in den fränkischen Weinbau und ließ die alte Tradition der Heckenwirtschaft wieder aufleben. Sein Sohn Robert vermarktete 1959 unter dem Namen „Röttinger Schlossberg" die erste Flaschenabfüllung, und seit 1987 ist mit Gerald Poth die nunmehr dritte Generation am Ruder – mit unverändert hohem Anspruch, versteht sich.

Die Verkostungen in der gemütlichen Probierstube des Weingutes sind ein Erlebnis, wer jedoch nicht ins malerische Röttingen kommen kann, dem empfiehlt sich Taubertaler Weinkultur mit Stil via Online-Shop …

WEINGUT POTH
Gerald Poth
Würzburger Straße 3, 97285 Röttingen
Telefon 0 93 38 / 3 32
www.weingut-poth.de

DREI PRINZESSINNEN

Weingut Winfried Luckert

„BLAUE ZIPFEL"
Dieses Rezept finden Sie auf der Seite 182

Sulzfeld gilt zu Recht als schönster Weinort in Bayern. Mit seiner gut erhaltenen Wehranlage, den pittoresken Türmen, dem Renaissance-Rathaus und der malerischen Lage am Maindreieck zwischen Kitzingen und Ochsenfurt wirkt es wie eine mittelalterliche Kulisse.

Eine echte Sulzfelder Institution findet sich in der Maingasse. Das Weingut Winfried Luckert. Das Wort „Winzerfamilie" könnte für die Luckerts erfunden worden sein. Als Winzer in der siebten Generation kümmern sie sich um den An- und Ausbau eines ehrlichen und für die Region typischen Frankenweins. Die Beschäftigung mit alten und neuen Rebsorten und die Verantwortung gegenüber der Natur sind die Basis der Sorten Müller-Thurgau, Silvaner, Gewürztraminer und Grauer Burgunder. Mehr als 160 Hektar Weinberge prägen die steilen Südosthänge im Maintal. Die beiden Lagen Cyriakusberg und Maustal mit den Muschelkalkböden, Lettenkeuper und Löss könnten von den vielen Jahrhunderten berichten, in denen hier schon Wein angebaut wird. Die Prädikatsweine von Winfried Luckert sind zum größten Teil prämiert, die Auszeichnungen sind nicht zuletzt eine Bestätigung der Arbeit in Weingut und Keller.

Kunden, Gäste und Besucher werden in der Maingasse als Freunde betrachtet. Und welcher Freund lässt sich nicht gerne von einer echten Prinzessin kulinarisch verwöhnen? In der Familie Luckert gibt es gleich drei davon: die Töchter Susanne, Nina und Lisa wurden nacheinander zu Weinprinzessinnen gekrönt. Ein schöner Familienrekord, der gewiss nicht nur innerhalb Frankens seine Gültigkeit haben dürfte. Und ein Beleg dafür, dass hier auf hohem Niveau bewirtet und gefeiert wird, sei es nun in der hauseigenen Heckenwirtschaft (März bis Mai und September bis Oktober) oder anlässlich des ältesten Straßenweinfestes Unterfrankens. Die Wahrscheinlichkeit, eine der sympathischen Luckert'schen Prinzessinnen zu treffen, ist hoch. Von April bis Oktober sind die Damen der Winzerfamilie auch am „Genießerstrand" in der Mainlände zu finden – zum Wein werden auch kleine Snacks gereicht.

WEINGUT UND HECKENWIRTSCHAFT
WINFRIED LUCKERT
Familie Luckert
Maingasse 22, 97320 Sulzfeld am Main
Telefon 0 93 21 / 89 16
www.weingut-luckert.de

WEIN VOM KILIANSBERG

Der Patrizierhof in Großlangheim

So wie das eindrucksvolle Ensemble des Patrizierhofes stellt man sich ein traditionelles fränkisches Weingasthaus vor. Erbaut wurde das barocke Schmuckstück bereits 1738, es beherbergt aber auch einen historischen Gewölbekeller aus dem Jahr 1482. Selbst die Figuren von Tilmann Riemenschneider in der Großlangheimer Pfarrkirche St. Jakobus sind da jünger, sie datieren um 1510/1515. Ein ganz besonderes Bauwerk also, das die Winzerfamilie Grebner wieder zum Leben erweckt hat. Ursprünglich von dem vermögenden Großlangheimer Bürger und Schultheißen Johann Cuntzmann erbaut, beherbergt es nun Gaststätte, Hotel und Weingut. Originalgetreu, mit barocker Fassade, dem mächtigen Tor aus Schmiedeeisen, urigem Gewölbekeller, historischen Stuben und dem großen Weingarten versetzt das Gut seine Besucher in eine ganz besondere Stimmung. Hier lässt sich gut feiern und genießen.

Die Küche bietet frisch-fränkische Genüsse, klassisch oder raffiniert, Brotzeit oder Gängemenü. Die Karte folgt der Saison, die Getränkeliste dominiert natürlich der charakterstarke Wein der Grebners. Während Weinfranken ja überwiegend von Buntsandstein und Muschelkalk geprägt wird, ist Keuper die vorherrschende Formation der Lagen Großlangheimer Kiliansberg und Wiesenbronner Wachhügel. Die besonders bukettbetonten Weine werden in diversen weißen und roten Rebsorten naturnah und schonend ausgebaut. Die bekannte Qualitätspyramide Neues Franken, Klassisches Franken und Großes Franken haben die Grebners um ihre Edition Cuntzmann erweitert, zum Gedenken an den Gründer des Patrizierhofes. Auch zu Sekt, Secco, Blanc de Noir und verschiedenen Rotwein-Cuvées werden die Trauben verarbeitet. Alle Erzeugnisse der Grebners können nicht nur auf dem Hof, sondern auch online erworben werden. Es wäre aber schade, diesem schönen Haus keinen Besuch abzustatten, am besten bleibt man gleich ein paar Tage hier. Rad fahren, wandern, gut essen und trinken und dann ganz entspannt schlafen – vielleicht sogar in der Hochzeitstube?

GESCHMORTE SCHWEINEBÄCKCHEN
Dieses Rezept finden Sie auf der Seite 182

DER PATRIZIERHOF
Familie Grebner
Hauptstraße 71, 97320 Großlangheim
Telefon 0 93 25 / 2 62
www.der-patrizierhof.de

WEIN UND VERANTWORTUNG

Winzerhof Burrlein – Qualität und bewusstes Wirtschaften im Fokus

Mainstockheim ist von Weinbergen umgeben. Das größte Weingut des Dorfes, der Winzerhof Burrlein, erzeugt dort Jahr für Jahr edle Frankenweine – zusammen mit 30 örtlichen Winzerfamilien. Das Prinzip der Erzeugergemeinschaft funktioniert hervorragend, alle Mitglieder fühlen sich stets dem Trachten nach hoher Qualität verpflichtet.

In nunmehr dritter Generation leben und arbeiten Jutta und Frieder Burrlein in der Verantwortung für Mensch, Natur und Wein. Ein großes Anliegen von Frieder Burrlein ist die Ökologie der Kulturlandschaft als Basis für eine zukunftssichere Bewirtschaftung. So konnte z.B. eine geplante Flurbereinigung der Lage verhindert werden, statt der üblichen Betontrassen führen Erdwege zu den teils nur gartengroßen Weinbergen. Ideale Voraus-setzungen für ökologisch zertifizierte Anbauflächen, die momentan ca. 15 % der Gesamtanbaufläche betragen. Auch sonst ist Nachhaltigkeit ein bestimmendes Thema. Vom Ökostrom über Recyclingpapier bis hin zum klimaneutralen Versand. Bei allem Umweltbewusstsein bleibt natürlich der Wein das zentrale Thema. „Ein Leben für den Wein", wie es Frieder Burrlein formuliert, wobei der Silvaner eine besondere Herzensangelegenheit des Patrons ist.

Das vielfach prämierte Sortiment des Winzerhofes, vom Muschelkalk geprägt, gliedert sich in fünf Linien: Ursprung Fritz, Frank&Frei, Edition Karl, Hofstück und Schlossportal, die edelsten Weine des Hauses.

Der Hof wird offen geführt, Verkostung und Einkauf sind jederzeit möglich. Besondere Veranstaltungen wie das Mainstockheimer Weinfest, kulinarische Weinproben oder die Weinbegegnungen werden rechtzeitig angekündigt und sind stets willkommener Anlass zum Austausch mit Kunden und Freunden.

Sowohl die studierte Innenarchitektin Jutta als auch Frieder Burrlein verfügen über eine ausgeprägte künstlerische Ader. Das spürt man nicht nur in den raffiniert gestalteten Räumen des Gutes, sondern vor allem an den besonders kreativ gestalteten Etiketten. So begegnen sich Inhalt und Form stets auf Augenhöhe.

WINZERHOF BURRLEIN
Familie Burrlein
Hauptstraße 149, 97320 Mainstockheim
Telefon 0 93 21 / 55 78
www.burrlein.com

MAX MÜLLER I

Weine, die Geschichten erzählen

Ein eingespieltes Familienteam in einem historischen Winzerhof aus dem Jahre 1692 – das ist die Basis des renommierten Weingutes Max Müller I. Rainer und Moni Müller leiten das Weingut in der dritten Generation, und das über Jahrzehnte konstant hohe Niveau ihrer Arbeit ist außergewöhnlich. Ihr eingespieltes Team wird mittlerweile um die Söhne Christian und Toni erweitert. Als Bachelor of Science und nach Lehrjahren in Rheinhessen sowie Praktika in Neuseeland und Südafrika bringt Christian seine Ideen und Erfahrungen zu Hause ein. Sein Bruder Toni hat nach Lehrjahren an der Nahe und in der Pfalz erste Meriten gesammelt. Mit seinem ersten selbst an- und ausgebauten BERG Riesling vom Jahrgang 2011 platzierte er sich bei der Best-of-riesling-Verkostung in der Kategorie „trocken" unter den TOP 100 mit 92 Punkten. Die erfolgreiche Philosophie ihres Vaters Rainer, mit dem Wein zu leben, ihn jedes Jahr aufs Neue mit voller Hingabe, Fachwissen, Mut und Erfahrung zu begleiten, wurde den beiden Jungwinzern vorgelebt. Wie nun die gut vernetzten, weltoffenen jungen „Wilden" ihre Vorstellungen und Ideale einbringen und umsetzen, wird spannend zu beobachten sein. Jetzt schon zeichnet sich ab, dass Qualität und naturnahe Handarbeit zentrale Themen sind.

Aushängeschild der prächtigen Kollektion sind nach wie vor die mineralisch dichten Weine vom Muschelkalk, überzeugende Silvaner und Rieslinge. Das Hauptaugenmerk der Müllers liegt dabei auf den Steillagen – reine Handarbeit herrscht hier vor, biologische Bodenbearbeitung und Dauerbegrünung. Verkostungen und Events in dem historischen Winzerhof sind ein Erlebnis, die moderne und preisgekrönte Vinothek im historischen Altbau zeigt mit regionaltypischen Materialien wie Eiche und Krensheimer Muschelkalk den zeitgemäßen Umgang mit einer langen Tradition.

WEINGUT MAX MÜLLER I
Familie Müller
Hauptstraße 46 / Untere Altstadt, 97332 Volkach
Telefon 0 93 81 / 12 18
www.max-mueller.de

TRADITIONELLE GASTFREUNDSCHAFT

Schlemmen, feiern und tagen im zweitältesten Gasthaus Bayerns

Marktbreit. Am südlichsten Punkt des Maindreieckes gelegen, weiß das Städtchen mit seinen malerischen Sehenswürdigkeiten zu beeindrucken. Neben dem Seinsheimer Schloss, dem Renaissance-Rathaus, Malerwinkel, Maintor oder der Nikolai-Kirche, gehört auch das zweitälteste Gasthaus Bayerns, das Hotel Löwen, zu den Pflichtstationen des Reisenden. Die eindrucksvolle Fachwerkfassade lässt ahnen, dass die Ursprünge des Hauses bis ins 15. Jahrhundert reichen – schon König Ludwig I. und die Fürsten von Schwarzenberg haben hier residiert.

Im Inneren hat Familie König, seit 1920 im Besitz des historischen Anwesens, für ein elegant-traditionsbewusstes Ambiente gesorgt. Die 29 Zimmer des Hauses bieten dem Gast natürlich zeitgemäßen Komfort, die Romantikzimmer mit Himmelbetten oder gar das Fürstenzimmer lassen aber charmant die gemütliche Pracht vergangener Zeiten spüren. Die Flure sind verwinkelt, die Treppen dürfen ein bisschen knarren und die Gasträume laden mit gemütlicher Grandezza zum Verweilen. Die herzliche Gastlichkeit des Familienbetriebes und die unaufgeregte, fränkisch-saisonale Küche von Dieter Müller lassen sich auch in ausgesuchten Arrangements genießen. Unter diversen Mottos werden liebevoll geschnürte Komplettpakete inklusive Übernachtungen, Menüs und vorgeplanten Unternehmungen angeboten – hier lohnt sich ein Blick auf die Internetpräsenz des Hauses. Ebenfalls angeboten werden die Organisation und Durchführung von Tagungen und Seminaren, bis zu 100 Personen können sich die Arbeit im Hotel Löwen versüßen lassen.

Der Weinkeller bietet, hier im Herzen Weinfrankens, eine breite Auswahl ausgesuchter Tropfen von renommierten Winzern der Region – die lukullischen Freuden der Küche erfahren stets stimmige Begleitung. So sitzt man an einem lauschigen Sommerabend auf der mediterran anmutenden Terrasse, genießt ein köstliches Menü, trinkt einen kühlen Schoppen und lässt Tradition und Geschichte, Gastlichkeit und Gaumenfreuden zu einem unvergesslichen Moment verschmelzen …

KNUSPRIGES SCHÄUFELE MIT KRAUTSTRUDEL UND GEBACKENEN SEMMELKNÖDEL
Dieses Rezept finden Sie auf der Seite 183

RINGHOTEL & RESTAURANT LÖWEN
Familie König
Marktstraße 8, 97340 Marktbreit
Telefon 0 93 32 / 5 05 40
www.loewen-marktbreit.de

WEINGUT ILMBACHER HOF

Fröhlich sein, mit Fröhlich-Wein

FRÖHLICHER KÄSEKUCHEN
Dieses Rezept finden Sie auf der Seite 184

Iphofen ist an Sehenswürdigkeiten wahrlich nicht arm. Die vollständig erhaltene Wehranlage ist das prägende Wahrzeichen der romantischen Stadt. Hier, direkt zwischen Einersheimer Tor und dem Eulenturm, liegt eines der schönsten Weingüter von Iphofen, der Ilmbacher Hof. Ursprünglich ein Gutshof der Kartäusermönche, wird er in nunmehr sechster Generation von der Familie Fröhlich bewirtschaftet. Thomas und Andrea Fröhlich führen das historische Ensemble als offenes Haus und lassen ihre Gäste am Leben einer Winzerfamilie teilhaben. Erst im Alter von 30 Jahren hat Thomas, der studierte Betriebswirt, sein Faible für den Wein entdeckt und das elterliche Gut übernommen – natürlich mit vorheriger Ausbildung zum Winzer. Und wenn sich der Besucher auf dem Ilmbacher Hof umsieht, versteht man die Beweggründe. Ob im Gutshaus mit seiner gemütlichen Probierstube und dem urigen Gewölbekeller, im mittelalterlich gepflasterten Innenhof oder im Hofgarten mit den alten Obstbäumen – man kommt aus dem Staunen und Schauen kaum heraus.

Natürlich steht der Wein der Fröhlichs im Mittelpunkt. Vater Gerhard Fröhlich kann auf eine 40-jährige Erfahrung als Winzer zurückblicken, er und seine Frau Hildegard haben das Gut bis heute geprägt. Thomas' jüngerer Bruder Matthias, ebenfalls gelernter Winzer und Weinbautechniker, ist kompetenter Ansprechpartner in allen technischen Belangen. Die Rebstöcke der Familie finden sich in den Iphöfer Lagen Julius-Echter-Berg, Kronsberg, Kalb, Burgweg und Rödelseer Küchenmeister. Die Böden werden vom Keuper dominiert, ein ideales Terroir für mineralische und finessenreiche Gewächse. Die Mengen sind klein und exklusiv, das Familienweingut setzt auf Qualität statt Quantität. Die edlen Tropfen lassen sich zwar auch online erwerben, wir empfehlen aber den rechtzeitigen Besuch dieses überaus sehenswerten Hofes – am besten anlässlich einer der zahlreichen Veranstaltungen, wie zum Beispiel den legendären „Bunten Nächten". Dort heißt es dann: Fröhlich sein, mit Fröhlich Wein …

WEINGUT ILMBACHER HOF
Familie Fröhlich
Lange Gasse 36, 97346 Iphofen
Telefon 0 93 23 / 36 57
www.ilmbacher-hof.de

UNBEDINGTE QUALITÄT

Bernd Fischer kocht im Landgasthof Zur Brücke

KOTELETT VOM MILCHKALB MIT
BALSAMICOESSIG-SAUCE, KALBSKOPFBRUNOISE
UND KRÄUTERSEITLINGEN
Dieses Rezept finden Sie auf der Seite 185

Die barocke St.-Mauritius-Kirche in Wiesentheid wurde von Balthasar Neumann entworfen, einem Baumeister, dem man nachsagt, er sei nur mit vollkommenen Lösungen zufrieden gewesen. Würden nicht fast 300 Jahre zwischen Neumanns Wirken in Wiesentheid und heute liegen, er hätte vermutlich im Landgasthof Zur Brücke gespeist. Denn der Patron des Hauses, Bernd Fischer, ist in seiner Küche ebenfalls Perfektionist. Die Basis seiner kulinarischen Kreationen ist die Qualität der Zutaten. Er bedient sich zwar gerne und überwiegend aus dem regionalen Warenkorb, stellt aber die Hochwertigkeit der Produkte über deren Herkunftsort. Seine Gäste wissen es zu schätzen, es ist ratsam, sich einen Platz in dem fränkischen Bilderbuch-Gasthof mit der rustikalen Muschelkalkfassade reservieren zu lassen. Wobei es im Sommer auch romantische Plätze im stimmungsvollen Wein- und Biergarten gibt. Genießen kann man Kreationen wie zum Beispiel fränkisches Freilandrind auf sautierten Rotweinschalotten mit Trüffeljus, Gemüsenest und Sesamschupfnudeln oder Nüsschen vom Steigerwaldreh im Gewürzmantel mit Steinpilzsauce oder Jakobsmuscheln im Gewürzlachsmantel auf Erbsenmusselin. Die Karte wechselt mit der Saison, es gibt tägliche Empfehlungen und Menüvorschläge. Seine Frau Ute zeichnet für das stilsichere Ambiente und den herzlichen Service verantwortlich, der Weinkeller ist gefüllt mit den hochwertigen Tropfen des Weingutes Joachim Fischer – dem Bruder von Bernd Fischer, übrigens auch verantwortlich für die exzellenten Obstbrände. Wiesentheid ist also kulinarisch fest in der Hand der Fischers. Das renommierte Weinfest von Wiesentheid wird dann auch folgerichtig von der Familie organisiert und bestritten. Jährlich am zweiten Wochenende im Juli findet das Fischer-Allee-Weinfest statt, es gilt als eines der schönsten und romantischsten im weiten Umkreis. Ausschlafen kann sich der erschöpfte Gast dann wieder bei den Fischers. Zehn gemütlich-komfortable Zimmer laden zu einem längeren Verweilen ein.

LANDGASTOF ZUR BRÜCKE
Familie Fischer
Marienplatz 2, 97353 Wiesentheid
Telefon 0 93 83 / 9 99 49
www.landgasthof-zur-bruecke.de

URIGE ELEGANZ

Weinstube oder Wirtshaus? Schuberts – Wein und Wirtschaft!

GESCHMORTE OCHSENBACKEN
MIT GLASIERTEN KAROTTEN UND
LÖFFELSPATZEN
Dieses Rezept finden Sie auf der Seite 186

Christian Hippler, der Chef von Schuberts – Wein und Wirtschaft, mag es bodenständig. Trotzdem wird man schnell auf ihn aufmerksam. So wird sein Restaurant vom Varta Guide und vom Guide Michelin empfohlen, der Gault Millau bedenkt es mit 13 Punkten. Wie kommt das? Nun, schon das Grundkonzept des Schuberts klingt ungewöhnlich. Es soll die fränkische Tradition der Weinstube mit der Geselligkeit bayerischer Wirtshäuser verbinden. Da stockt natürlich der fränkische Herzschlag, aber es gelingt vorzüglich. Zusammen mit seiner Frau Stefanie hat Christian Hippler den fünf Stuben des Hauses ganz unterschiedliche Charaktere verliehen. Da ist die kleine Menzelstube, benannt nach dem Künstler Adolph von Menzel. Dann die ehemalige Wärmestube der Kissinger Stadtwache, die Wachstube. Die Wirtsstube ist bayerisch, die Ofenstube gemütlich und die großartig erhaltene historische Weinstube ist das Herz des Schuberts. Ganz rustikal wird es dann im Gewölbe des Weinkellers. Ob Familienfeier, Ausstellung, Empfang, Buffet, Konferenz oder Weinprobe – das urige Ambiente verleiht jeder Veranstaltung ein ganz besonderes Flair. Der mediterrane Innenhof des historischen Gebäudes lädt an warmen Tagen zum entspannten Tagesausklang.

Nun aber zur Küche, die von Metzgern, Bäckern, Gemüsebauern und Käsereien aus Nachbarschaft und Region beliefert wird – also fast ausschließlich mit regionalen Zutaten arbeitet. Gekocht werden dann auch überwiegend fränkische und bayerische Klassiker, saisonal ausgerichtet in oft überraschender Interpretation. Der Sauerbraten ist vom fränkischen Weiderind, das Wallerfilet kommt im bayerischen Bierteig und die geschmorten Ochsenbacken werden von Mehlspatzen begleitet. Es gibt sowohl eine zünftige Brotzeitkarte als auch weinbegleitete Menüvorschläge. Die Weinkarte ist breit aufgestellt, von den offenen Frankenweinen bis hin zu den internationalen Flaschenweinen. Beim Bier hat der Gast dann wieder die Wahl zwischen bayerisch und fränkisch – und probiert am besten ... beides.

SCHUBERTS
WEIN & WIRTSCHAFT
Familie Hippler
*Kirchgasse 2, 97688 Bad Kissingen
Telefon 09 71 / 26 24
www.schuberts-weinstube.de*

DAS PRALLE LEBEN

Auf Schloss Saaleck in vollen Zügen genießen

FILET VOM FRÄNKISCHEN GELBVIEH
Dieses Rezept finden Sie auf der Seite 184

Der Blick schweift weit über die Rhön bis hin zum Kreuzberg, das Panorama ist phantastisch. Hoch über Hammelburg und dem malerischen Saaletal lädt Ewald Hupp zu Speis und Trank. Er ist Gastgeber auf dem mittelalterlichen Schloss Saaleck, betreibt schon seit Jahren Hotel und Restaurant. Die Qualität seines Angebotes hat sich weit herumgesprochen. Kein Wunder, gilt er doch als Meister seines Faches. Unprätentiös und kraftvoll, qualitätsversessen und handfest, probierfreudig und regionalverbunden, das sind Attribute, die ihn gut beschreiben. Die Speisekarte des Hauses ist entsprechend abwechslungsreich, die Jahreszeiten und die Stimmung des Patrons weisen die Richtung. Noch ausgeprägter zeigt Hupp seine ungehemmte Kreativität in den Menüs. Verpackt in Arrangements wie dem „Saalecker Kulinarium" oder einem Romantikwochenende, bieten sie veritable Genüsse in fein abgestimmter Speisenfolge. Auch eintägige Veranstaltungen mit abwechslungsreichen Mottos stehen zur Auswahl, so zum Beispiel eine Spargelgala, eine Reise durch die spanische Küche oder ein Abend unter dem Motto „Speisen wie ein Fürstabt" – die Homepage des Hauses gibt stets aktuelle Auskunft. Nicht wenige Gäste sind so begeistert vom Essen auf Schloss Saaleck, dass sie nur allzu gern die Kniffe des Meisters kennen würden. Die Kochschule von Ewald Hupp macht es möglich. So ein Kurs ist ein wahres Erlebnis – selbstverständlich schlemmen die Kochnovizen nach getaner Arbeit gemeinsam und verkosten manch leckeren fränkischen Tropfen.

Das mittelalterliche Ambiente des Schlosses ist natürlich auch ideale Kulisse für den schönsten Tag im Leben: die Hochzeit. Die standesamtliche Trauung kann direkt auf Saaleck zelebriert werden, und die erfahrenen Hochzeitsplaner des Hauses garantieren ein unvergessliches Fest. Für die Hochzeitsnacht stehen dreizehn stilvolle Schlafgemächer zur Verfügung – Romantik in seiner schönsten Form. Das reichhaltige Frühstücksbuffet macht dann Lust auf extra lange Flitterwochen auf Schloss Saaleck.

SCHLOSS SAALECK
Ewald Hupp
Saaleckstraße 1, 97762 Hammelburg
Telefon 0 97 32 / 20 20
www.burgsaaleck.de

ALTE WERTE, JUNGE IDEEN

Familie Hüsam kocht in der 13. Generation

GEFÜLLTE WACHTELN
Dieses Rezept finden Sie auf der Seite 187

Kaum zu glauben, dass inmitten einer ländlichen Idylle zwischen Spessart und Maindreieck ein Dorfgasthof bestehen kann, der die zahlreichen Gäste mit saisonal wechselnden Frischeprodukten verwöhnt.

Man muss es schon suchen, dieses Eldorado, unweit von Marktheidenfeld, quasi ein Wallfahrtsort für Schlotzerle (die fränkische Ausgabe des Gourmets). Die Küchenmeister Elsbeth Hüsam und Sohn Michael legen Wert auf gesunde und vitaminreiche Kost; ihre Lehrjahre kann Elsbeth Hüsam in Main-Spessarts einzigem Sternerestaurant dabei nicht verleugnen. Und Sohn Michael setzt gut und gerne einen oben drauf; herzerfrischend kreiert er die neue fränkische Küche, komponiert und kombiniert auch mal asiatische Gewürze mit Kräutern der Heimat. Es muss nicht immer Fleisch sein. Dafür ist es immer frisch, vielfältig überraschend und ausgesprochen lecker. Unter dem Motto „kurze Wege, langer Genuss" werden frische und saisonale Zutaten aus der Region verwendet – Kräuter, Gemüse und Beerenobst stammen gar aus dem eigenen Garten. Auf der Speisekarte findet sich ein 4-Gänge-Menü aus dem Gemüsegarten und je ein 4-Gänge-Schlemmermenü und ein 5-Gänge-Degustationsmenü. In der kalten Jahreszeit kann eine Speisenfolge so aussehen: zunächst eine Rinderkraftbrühe mit zweierlei Grießklößchen, dann Forellenfilets aus dem Ofen auf Sellerie und karamellisierten Apfelspalten, im Anschluss hausgemachtes Quittensorbet. Es folgt eine gefüllte Wachtel auf Zitronenthymianjus, dazu hausgemachte Nudeln und Gemüse. Und zum Schluss gibt es die Nachspeisenvariation vom Apfel mit Apfel-Basilikum-Parfait, Zimtapfel und Apfelcrêpes. Das klingt nicht nur lecker, es schmeckt auch so. Wild liefert der örtliche Jäger, Fleisch und Geflügel stammen vom Bauern aus der Nachbarschaft. Nicht zu versäumen sind die kulinarischen Menüabende mit Spitzenwinzern aus der Region, das Hoffest im Sommer und die Kirchweih im Herbst. Bei all diesen Festen locken dann besondere Leckereien zum Schlemmen …

GOLDENES LAMM
Familie Hüsam
Untertorstr. 13, 97834 Billingshausen
Telefon 0 93 98 / 3 52
www.goldenes-lamm-billingshausen.de

KALLMUTH UND EDELFRAU

Eine Cuvée namens Vorspiel

Die extravagante Grundnote der Homburger Weine ist schnell erklärt. Zum einen sind es die berühmten Reblagen „Homburger Edelfrau" und „Homburger Kallmuth" mit ihrer Bodenformation aus Buntsandstein und Muschelkalk. Zum anderen ist es das fast schon mediterran anmutende Kleinklima Homburgs, begünstigt durch die kesselartige Lage am Main. Ideale Voraussetzungen also für kreative Winzer.

1975 gründete Winzermeister Hartwig Martin als erster Selbstvermarkter Homburgs sein Weingut. Mit circa 14 Hektar werden rund ein Viertel der Homburger Rebfläche bewirtschaftet, die Lohnkelterei für andere Selbstvermarkter kommt dazu. Diesen schönen und renommierten Betrieb hat Hartwig Martin 2012 an seinen Neffen Christian Fürböter übergeben. An der familiären Atmosphäre des Gutes hat das nichts geändert. Im Gegenteil: Zusammen mit Michaela Fürböter, zuständig für die kaufmännischen Angelegenheiten und den Verkauf, sowie den Kindern Paul und Sophie, sind nun fünf Generationen auf dem Hof aktiv.

Ein besonderes Anliegen des Weinbautechnikers Christian Fürböter ist die Kreation moderner Cuvées. Frisch und facettenreich kommen sie daher und vermitteln erste Eindrücke von den Hauptdarstellern des Sortiments. „Vorspiel" lautet folgerichtig der Name einer nicht ganz trockenen Weißwein-Cuvée. Die fränkischen Klassiker werden im Bocksbeutel präsentiert – modern und sortentypisch ausgebaut. Die Charakterstarken des Jahrganges werden als „Große Weine" angeboten, Spätlesen von Riesling und Silvaner, trocken, ausdrucksstark und unverwechselbar. Für den täglichen Schoppen werden die Gutsweine in Literflaschen angeboten, unkomplizierte und bekömmliche Tropfen. Wer nun neugierig geworden ist und einen Ausflug nach Homburg plant, sollte auch dem Weinhaus Zum Ritter einen Besuch abstatten. Hier kocht Thomas Hausin nicht nur ausgezeichnet, er führt auch eine ungewöhnliche breite Auswahl an edlen Tropfen vom Weingut Martin.

WEINGUT MARTIN
Familie Fürböter
Gartenstr. 4, 97855 Triefenstein
Telefon 0 93 95 / 10 25
www.weingut-martin.de

GANZHEITLICHER GENUSS

Im lieblichen Taubertal den Süden spüren

KARREE VOM SCHWÄBISCH-HÄLLISCHEN
JUNGSCHWEIN MIT KARAMELLISIERTEM
SPITZKOHL UND SCHWARZBROTKNÖDEL
Dieses Rezept finden Sie auf der Seite 188

H och über Beckstein, einem kleinen Dorf im lieblichen Taubertal, thront inmitten von Weinbergen und Streuobstwiesen der Becksteiner Rebenhof. Hier verwöhnen Christiane und Martin Bauer ihre Gäste nach dem Motto „Lust auf Süden". Und dieses mediterrane Lebensgefühl, der Spaß am Genuss, stellt sich in dem großzügigen Wellness-Hotel fast unverzüglich ein. Liegt es an der traumhaften Lage, dem unglaublichen Ausblick, der weitläufigen Sonnenterrasse mit Oliven- und Oleanderbäumen oder dem liebevollen Ambiente in warmen Farben und ausgesuchten Details? Das ist schwer zu sagen. Vielleicht sind es ja auch der unaufgeregt herzliche Service und die selbstverständliche Freundlichkeit der Gastgeber oder der Geruch nach frischem Basilikum, Oregano und Thymian aus dem angeschlossenen Restaurant Vino Vista: Man fühlt sich pudelwohl. Und dieses Wohlbefinden ist tatsächlich steigerungsfähig. Kleine Ausflüge ins reizvolle Umland, eine spontane Wanderung oder eine ausgedehnte Radtour unternehmen. Im Felsenschwimmbad seine Bahnen ziehen, in Sauna und Dampfbad schwitzen, Wellness-Pakete genießen oder einfach ein gepflegtes Glas Wein trinken.

Die Küche im „Vino Vista" ist regional und mediterran geprägt, die Zutaten sind frisch und saisonal. Küchenchef Tobias Winkler mag es unverfälscht und ehrlich; er ist Mitglied der Koch-Initiative „Schmeck den Süden". Das Brot wird selbst gebacken, jeden Mittwoch ist „Holzofentag". Neben Brot und Hefezöpfen gibt es dann auch knusprige Braten. Ganz neu ist eine Grill-Kota, also Grillhütte, mit Platz für 14 Personen, die vielfältig genutzt werden kann, zum Beispiel für eine Schnapsverkostung. Von den 300 Einwohnern von Beckstein widmen sich immerhin 30 der Brennerei. Das will probiert sein. Praktisch, wenn man dann eines der ungewöhnlich geräumigen Zimmer oder eine der Suiten im mediterranen Stil gebucht hat. Dann heißt es traumhaft schlafen und frisch ausgeruht den Süden spüren. Ach ja, arbeiten kann man hier auch. Es gibt perfekt ausgestattete Tagungsräume ...

BECKSTEINER REBENHOF
Familie Bauer
Am Hummelacker 34–52,
97922 Lauda-Königshofen OT Beckstein
Telefon 0 93 43 / 6 27 80
www.rebenhof.net

HOTEL. RESTAURANT. KAPELLE

St. Michael ist ein besonderes Haus ...

Die Romantische Straße führt uns nach Tauberbischofsheim, mitten ins liebliche Taubertal. Sportbegeisterte kennen die reizvolle Stadt als Hochburg des Fechtsports, geschichtlich Bewanderten fällt das Kurmainzische Schloss mit seinem Türmersturm ein. Am Rande der Altstadt liegt das 1891 erbaute, traditionsreiche Hotel St. Michael und bietet neben 44 komfortablen Zimmern sowie modernen Tagungs- und Veranstaltungsräumen, einige Besonderheiten.

So engagieren sich Menschen mit und ohne Behinderung gemeinsam für das Wohl der Gäste. Dieser Geist des Miteinander prägt das Haus, den Gast erwartet ein offenes und herzliches Team – uns haben Stimmung und Service im Hotel ausnehmend gut gefallen. Die großzügigen Räumlichkeiten und die unvergleichliche Lage in einem parkähnlichen Anwesen prädestinieren St. Michael für Veranstaltungen jeglicher Art. Die beiden hauseigenen Kapellen sind ziemlich einmalig in einem so hoch klassifizierten Hotel – Hochzeitsgesellschaften nutzen diesen Luxus natürlich besonders gern.

Auch gastronomisch ist man gut aufgehoben. Das Restaurant Stammberger unter der Leitung von Markus Gutekunst bietet ehrliche, tauberfränkische Küche und wurde mit dem Qualitätssiegel „Taubertal kulinarisch erleben" ausgezeichnet. Distelhäuser Wildschweinbratwürste oder Leckeres aus Grünkern – die Frische der regionalen Zutaten bestimmt das Angebot. Im Sommer lädt die mediterrane Gartenterrasse zum Verweilen ein. Der Weinkeller bietet eine Auswahl aus über 50 Weinen – überwiegend aus Baden-Württemberg. Die Weine können auch, wenn man einen besonders schmackhaften Tropfen entdeckt hat, gekauft und mitgenommen werden – auch das ist wieder eine Besonderheit von St. Michael.

Radfahrer und Wanderer sind im Taubertal immer gern gesehene Gäste. Wer sich nun in einem der komfortablen Zimmer des Hauses von solch sportlichen Strapazen erholt, kann eine erfrischende Massage genießen, während der Sportdress gewaschen im Trockenraum hängt ...

REHNÜSSCHEN IN HOLUNDER-JUS MIT STEINPILZEN, MANDEL-BROKKOLI UND HAUSGEMACHTEN SPÄTZLE
Dieses Rezept finden Sie auf der Seite 189

HOTEL ST. MICHAEL
Stammbergweg 1, 97941 Tauberbischofsheim
Telefon 0 93 41 / 8 49 50
www.hotel-stmichael.com

REZEPTE

HÜFTSTEAK VOM GELBVIEH MIT WINTERGEMÜSE UND KARTOFFELWOLLE

Kraemer – Ökologischer Land– & Weinbau, Seite 146

ZUTATEN FÜR 4 PERSONEN

4 Steaks aus der Rinderhüfte (gut abgelagert), Öl zum Anbraten

GEMÜSE

8 Karotten, Honig, Zitrone, Salz, Pfeffer

ROTE BEETE

2 Rote Beeten

KARTOFFELWOLLE

6 mehlig kochende Kartoffeln, Frittierfett

HOLLANDAISE

4 Eier, 200 ml Weißwein, 60 g Butter, etwas grüner Pfeffer, Balsamico, Zucker, Salz

SAUCE

1 kg Fleischabschnitte und Knochen, Wurzelgemüse, Zwiebeln, Kräuter nach Geschmack, 1 l Rotwein oder Portwein, Rotweinzwetschgen oder Dörrzwetschgen, Holundersaft, Butter, Puderzucker, Salz, Pfeffer

ZUBEREITUNG

Für die Sauce Fleischabschnitte, Knochen, Gemüse und Kräuter in einem tiefen Blech oder Bräter über Nacht bei 100 °C im Ofen schmoren lassen. Am nächsten Tag alles zusammen im Topf mit dem Wein kräftig durchkochen. Bei Bedarf noch etwas mit Rinderbrühe aufgießen. Die Sauce dann abgießen und im Topf reduzieren, bis sie schön intensiv und dunkel ist. Zwetschgen und Holundersaft dazugeben. Mit Gewürzen nach Geschmack, Salz und Pfeffer abschmecken, Puderzucker und Butter kommen ganz zum Schluss dazu.

Die Steaks (gerne vorher eingelegt, aber ungesalzen) werden in der Pfanne scharf angebraten und danach je nach Geschmack und Dicke des Fleisches, ob rare oder medium, circa 20 Minuten im Backofen bei 150 °C weitergegart.

Karotten schälen und ganz oder halbiert im geschlossenen Bräter oder im feuerfesten Topf mit Deckel mit Honig, Zitrone, Salz und Pfeffer je nach Dicke circa 30 Minuten bei 200 °C im Ofen dünsten.

Die Roten Beeten werden im Ganzen in der Schale gekocht und dann dünn geschnitten und angerichtet.

Für die Hollandaise werden die Eier zuerst in einer Edelstahlrührschüssel über Wasserdampf mit dem Schneebesen schaumig geschlagen. Dann kommt der Wein dazu. Wichtig ist es, immer weiter zu rühren. Dann kommt unter Rühren kalte Butter dazu und am Schluss der grüne Pfeffer. Abgeschmeckt wird mit einem kleinen Schluck Balsamico, Salz und Zucker.

Für die Kartoffelwolle werden Kartoffeln durch eine Spiralreibe gedreht, so dass sie aussehen wie Locken. Dann frittieren, bis sie goldbraun sind – Anrichten und fertig.

FRÄNKISCHER WILDSAURÜCKEN MIT ZWIEBEL-BIRNEN-MARMELADE AN STECKRÜBENPÜREE

Weinforum Franken, Seite 148

ZUTATEN FÜR 4 PERSONEN

4 Wildsaurücken, 1 Zimtstange, 2 Sternanis, 5 Wacholderbeeren, 5 Nelken, Butter, Knoblauch

ZWIEBEL-BIRNEN-MARMELADE

250 g rote Zwiebeln, 2 Birnen, 750 ml Rotwein, 2 EL Zucker, 3 EL 3:1-Gelierzucker, 5 Lorbeerblätter, 3 Wacholderbeeren, 3 Nelken, 1 Sternanis

STECKRÜBENPÜREE

400 g Kartoffeln, 400 g Steckrüben, Muskat, Butter nach Belieben, Salz, Pfeffer

ZUBEREITUNG

Die Wildsaurücken von allen Seiten scharf anbraten. Fleisch aus der Pfanne nehmen und Pfanne abkühlen lassen. Dann das Fleisch mit Zimtstange, Sternanis, Wacholderbeeren, Nelken, kleingeschnittenem Knoblauch und etwas Butter in die Pfanne geben und bei 140 °C 8 Minuten garen. Fleisch aus der Pfanne nehmen und 4 Minuten in Alufolie gewickelt ruhen lassen.

Für die Zwiebel-Birnen-Marmelade Zwiebeln in feine Würfel schneiden und mit dem Zucker in einem flachen Topf karamellisieren. Mit Rotwein aufgießen und zusammen mit den Lorbeerblättern, Wacholderbeeren, Nelken und dem Steranis 20 Minuten ziehen lassen. Aromaten herausnehmen und die Zwiebeln weich kochen.
Birnen reiben und mit dem Gelierzucker untermengen. 3 Minuten köcheln lassen, kalt stellen.
Für das Steckrübenpüree Kartoffeln und Steckrüben klein schneiden und in Salzwasser weich kochen. Steckrüben pürieren, Kartoffeln durch eine Presse drücken und beides zusammen mit Salz, Pfeffer, Muskat und Butter vermengen.

REZEPTE

„BLAUE ZIPFEL"
Weingut und Heckenwirtschaft Winfried Luckert, Seite 154

ZUTATEN FÜR 4 PERSONEN
8 fränkische Bratwürste, 4 Metzgerzwiebeln, 2 mittelgroße Karotten, 500 ml Weißweinessig, 500 ml Frankenwein 750 ml Wasser, 1 Lorbeerblatt, 8 Pfefferkörner, 3 Wacholderbeeren, 100 g Zucker, 1 TL Salz

ZUBEREITUNG
Die Zwiebeln halbieren und in feine Scheiben schneiden, die Karotte in kleine Würfelchen schneiden.
Wein, Essig und Wasser aufkochen lassen, Salz und Zucker zufügen, anschließend Zwiebeln, Karottenwürfel, Lorbeerblätter, Pfefferkörner und Wacholderbeeren in den Sud geben. Circa 30 Minuten leicht köcheln lassen. Anschließend die Bratwürste etwa 15 Minuten im Sud ziehen lassen.
Dazu reicht man frisches fränkisches Schwarzbrot.

GESCHMORTE SCHWEINEBÄCKCHEN
Der Patrizierhof, Seite 156

ZUTATEN FÜR 4 PERSONEN
16 Schweinebäckchen, 1 Zwiebel, 2 große Karotten, 1 kleiner Knollensellerie, 1 kleine Stange Lauch, 2–3 EL Tomatenmark, 300 ml Rotwein, 300 ml Brühe, 2 Lorbeerblätter, 4 Zweige Thymian, 2 Knoblauchzehen (wer möchte), Olivenöl zum Anbraten, Salz, Pfeffer

ZUBEREITUNG
Zwiebel, Karotten und Knollensellerie in circa 1 Zentimeter große Stücke schneiden und im Schmortopf mit Olivenöl scharf anbraten. Den Lauch in circa 1 Zentimeter dicke Ringe schneiden und für 3 Minuten mit anbraten. Tomatenmark hinzufügen und bei schwacher Hitze einige Minuten rösten. Den Rotwein nach und nach dazugeben und leicht einreduzieren lassen. Die Lorbeerblätter, Thymianzweige und – wer möchte – die Knoblauchzehen dazugeben.
Die Schweinebäckchen mit Salz und Pfeffer würzen und in einer Pfanne scharf anbraten, bis sie Farbe nehmen. Dann gibt man die Bäckchen in den Schmortopf und lässt sie bei geringer Hitze und geschlossenem Deckel weich schmoren.
Nach circa 1 Stunde nimmt man die Schweinebäckchen heraus und stellt sie warm.
Die Sauce durch ein feines Sieb passieren und bis zur gewünschten Konsistenz reduzieren, abschmecken und servieren.
Als Beilage eignen sich Kartoffelklöße oder Käseknöpfle.
Getränkeempfehlung: Edition Cuntzmann, Barocco – Rotwein Cuvée trocken.

KNUSPRIGES SCHÄUFELE MIT KRAUTSTRUDEL
Ringhotel & Restaurant Löwen, Seite 162

ZUTATEN FÜR 4 PERSONEN

4 Schäufele (Schulter mit Knochen und Schwarte),
1 TL Kümmel, 1 Zwiebel, 1 Karotte, Schwarzbier,
1 EL Butterschmalz, Salz, Pfeffer

KRAUTSTRUDEL

500 g Mehl, 3 EL Öl, 1 Ei, 1 Weißkohl, 200 g Zwiebeln,
etwas Speck, Kümmel, Salz, Pfeffer

ZUBEREITUNG

Die Schwarte der Schäufele diagonal einschneiden. Das
Fleisch waschen, trocken tupfen und gründlich mit Salz
und Pfeffer einreiben. Butterschmalz in einem eisernen
Schmortopf erhitzen und die Schäufele darin von allen
Seiten anbraten. Die Zwiebel vierteln, die Karotte in
grobe Stücke schneiden und zusammen mit dem Kümmel
in den Schmortopf geben. Mit 1 Tasse Wasser aufgießen.
Den Braten auf die untere Schiene in den auf 200 °C
vorgeheizten Backofen schieben und mit der Schwarte
nach oben unter gelegentlichem Begießen mit dem
Bratensaft in 1 1/2 bis 2 Stunden gar braten. Eventuell
noch etwas Wasser nachgießen.
Die letzten 30 Minuten immer wieder mit Bier bepinseln,
damit die Kruste schön knusprig wird.

Den Braten herausnehmen und 10 Minuten stehen lassen.
Den Bratensaft mit etwas Wasser ablöschen, durch ein
Sieb gießen, entfetten und eventuell noch mit etwas Salz
abschmecken, nach beliben mit etwas Speisestärke
binden.
Für den Strudelteig Mehl, Öl, Salz und 125 Milliliter
lauwarmes Wasser leicht vermengen und das Ei dazugeben. Zu einem glänzenden Teig verarbeiten und
zugedeckt 2 Stunden ruhen lassen.
Für die Strudelfüllung Kraut raspeln, salzen, mit Pfeffer
und Kümmel durchkneten. Zwiebeln und Speck würfeln,
goldgelb anbraten und mit dem ausgedrückten Kraut
vermengen.
Strudelteig ausziehen und dünn mit der Krautmasse
belegen, einrollen, aufs Blech setzen und mit zerschla-
genem Ei bepinseln. Bei 180 °C 1 Stunde backen.
Als Beilage empfehlen wir dazu gebackene Semmelknödel.

REZEPTE

FRÖHLICHER KÄSEKUCHEN

Weingut Ilmbacher Hof, Seite 164

ZUTATEN

MÜRBTEIG

250 g Mehl, ½ Päckchen Backpulver, 75 g Zucker, 1 Ei, 150 g Butter, 1 Prise Salz

BELAG

200 ml Sahne, 500 g Quark, 200 g Zucker, 1 Ei, 1 Päckchen Vanillepuddingpulver, 250 ml Milch, 4 EL Öl

ZUBEREITUNG

Für den Mürbteig Zucker, Ei, und Butter und Salz verrühren, dann Mehl und abschließend Backpulver unterheben. Teig ruhen lassen.

Sahne schlagen und kaltstellen.

Für den Belag Quark, Zucker und Ei verrühren. Puddingpulver, Milch und Öl dazugeben. Abschließend die Sahne vorsichtig unterheben.

Eine Springform einfetten. Jetzt den Mürbteig ausrollen und mit einer Gabel Löcher in den Teig stechen. Anschließend den Belag eingießen.

Im vorgeheizten Backofen bei 180 °C circa 65 Minuten backen.

Als Getränk empfehlen wir Schorle mit leckerem Holunderblütensirup oder eine Scheurebe, halbtrocken – die exotischen Fruchtkomponenten passen ideal zum Kuchen.

Alternativ trinkt man Süßwein: eine Beerenauslese, Trockenbeerauslese oder Eiswein.

FILET VOM FRÄNKISCHEN GELBVIEH

Schloss Saaleck, 170

ZUTATEN FÜR 4 PERSONEN

4 Medaillons vom Rinderfilet (dry-aged) à 180 g, Öl zum Anbraten, Meersalzflocken, Pfeffer aus der Mühle
8 Kartoffeln der Sorte Amandine, 240 g Kenia-Böhnchen, 4 mittelgroße Steinpilze, Butter, Salz

Medaillons mit Meersalzflocken würzen, medium braten und nach dem Braten mit Pfeffer aus der Mühle nachwürzen.

Kartoffeln in Salzwasser kochen, in dicke Scheiben schneiden und in Butter braten

Böhnchen in Salzwasser kochen, in Butter schwenken und würzen.

Steinpilze trocken putzen, halbieren und auf der Schnittfläche braten.

KOTELETT VOM MILCHKALB MIT BALSAMICOESSIG-SAUCE, KALBSKOPFBRUNOISE UND KRÄUTERSEITLINGEN
Landgastof Zur Brücke, Seite 100

ZUTATEN FÜR 4 PERSONEN
FLEISCH
4 Kalbskoteletts à 200 g (Knochen vor dem Braten entfer-
nen), 1 TL Blattpetersilie, gehackt, 1 TL Rosmarin, gehackt
2 Knoblauchzeben, 1 Schalotte, gewürfelt, 2–3 EL kalte
Butter, 1 El Olivenöl, Salz, schwarzer Pfeffer aus der
Mühle

SAUCE MIT KALBSKOPF-BRUNOISE
150 g gekochter, fein gewürfelter Kalbskopf (beim Metzger
bestellen), 400 ml brauner Kalbsfond, 1 Schalotte,
gewürfelt, 5 EL Balsamicoessig, 100 g kalte Butterwürfel
50 g Zucker

BEILAGEN
200 g frische Kräuterseitlinge, 250 g Erbsen (TK),
250 g Petersilienwurzel, 100 g kalte Butterwürfel
etwas Butter zum Sautieren, Salz, Muskat

ZUBEREITUNG
Die Kalbskoteletts mit Salz und Pfeffer würzen und in
Olivenöl anbraten, Butter, Petersilie, Rosmarin, Knoblauch
und Schalotte dazugeben und im vorgeheizten Backofen
bei 120 °C circa 15 bis 20 Minuten garen, danach 5 bis
8 Min. ruhen lassen.

Für die Sauce Zucker und Schalotten in einem Topf
karamellisieren. Mit Balsamicoessig ablöschen, 3 EL
Wasser hinzufügen und sirupartig einkochen.
Mit Kalbsfond auffüllen und auf die Hälfte reduzieren.
Mit Salz und Pfeffer abschmecken. Sautierte Kalbskopf-
würfel und etwas kalte Butterwürfel dazugeben.
Für die Beilagen Petersilienwurzel und Erbsen jeweils
in Salzwasser gerade weich kochen. Danach das heiße
Gemüse jeweils in ein dünnes Tuch geben und den Saft
völlig herausdrücken.
Das noch gut warme Gemüse getrennt in einer Küchen-
maschine mit der kalten Butter fein pürieren. Das Püree
mit Salz und Muskat abschmecken. Die Kräuterseitlinge
schneiden und in Butter sautieren.
Zum Anrichten die Koteletts tranchieren, mit dem zweierlei Püree und den Kräuterseitlingen arrangieren, mit der
Sauce umgießen.

REZEPTE

GESCHMORTE OCHSENBACKEN MIT GLASIERTEN KAROTTEN UND LÖFFELSPATZEN
Schuberts, Seite 168

ZUTATEN FÜR 4 PERSONEN

OCHSENBACKEN

*4 bis 5 Ochsenbacken, 2 Karotten, 2 Zwiebeln, 1 Lauch, 100 g
Sellerie, 3 EL Rapsöl, 1 EL Puderzucker, 1 EL Tomatenmark, 400 ml
Spätburgunder, 1 l Gemüsebrühe, etwas Speisstärke zum Abbin-
den, 1 TL Senfkörner, 1 Thymianzweig, 1 Rosmarinzweig, 2 Knob-
lauchzehen, 2 Nelken, 1 Sternanis, 1 Stange Zimt, Orangenabrieb,
Zitronenabrieb, Senf, Salz, Pfeffer,*

KAROTTEN

4 Karotten, Petersilie, 1 EL Butter, 1 Prise Zucker, Salz, Pfeffer

LÖFFELSPATZEN

*80 g Crème Fraîche, 80 g Saure Sahne, 6 Eier, 1 EL Rapsöl,
500 g Spätzlemehl, Butter zum Anbraten, Muskatnuss, Salz,
weißer Pfeffer*

ZUBEREITUNG

Das Gemüse schälen und in gleich große Würfel schneiden. Ochsenbacken salzen, pfeffern und mit Senf bestreichen. Dann bei geringer Hitze in Rapsöl anbraten, herausnehmen. Puderzucker einstreuen und karamellisieren.
Tomatenmark einrühren und mit der Hälfte des Rotweins
ablöschen. Den restlichen Rotwein auf 2 Portionen hinzufügen und einkochen lassen. Das Gemüse in einer Pfanne
anschwitzen und mit den Ochsenbacken in einen großen
Schmortopf geben. Mit Brühe aufgießen, bis alles bedeckt

ist. Deckel mit einem Spalt auflegen und die Backen
3,5 Stunden bei 130 °C schmoren. Nach circa 2 Stunden
Deckel abnehmen. Backen herausnehmen und die Senfkörner mit den restlichen Kräutern und Gewürzen hinzufügen und einkochen lassen. Die Sauce durch ein Sieb
gießen und das Gemüse dabei zerdrücken. Anschließend
mit Salz, Pfeffer würzen und mit Stärke abbinden.
Die Karotten schälen und in längliche Stifte schneiden. In
reichlich Salzwasser blanchieren und anschließen in
Eiswasser abschrecken. Butter in einem Topf zergehen
lassen, die Karotten einlegen und würzen. Zum Schluss
noch gehackte Petersilie unterrühren.
Für die Löffelspatzen Crème Fraîche, Sahne, Eier und Öl
in einer Schüssel verrühren. Mehl, Salz, Muskat, Pfeffer
hinzugeben und mit einem Holzlöffel so lange aufschla-
gen, bis der Teig Blasen wirft. Mit 2 Löffeln Nocken
abstechen und in siedendes Salzwasser einlegen. Warten,
bis die Spatzen an der Oberfläche schwimmen und
einmal aufkochen lassen. Herausnehmen und in einer
gebutterten Pfanne goldgelb anbraten.

GEFÜLLTE WACHTELN
Goldenes Lamm, Seite 172

ZUTATEN FÜR 4 PERSONEN
*4 Wachteln, 8 große Spinatblätter, 40 g Gänseleber,
Salz, Pfeffer, Butter zum Bestreichen*

FÜLLE
*100 g Fleischfarce oder Kalbsbrät, 20 g Gemüsewürfel,
(Karotte, Lauch, Kohlrabi), etwas Cognac, Salz Pfeffer,
Muskat*

SAUCE
*Wachtelknochen, 1 Zwiebel, 1 Karotte, 30 g Sellerie,
30 g Lauch, 1 Knoblauchzehe, etwas Zucker, 1 EL Tomatenmark, 500 ml Rotwein, 3 Wacholderbeeren,
1 EL Pfefferkörner, 1 Lorbeerblatt, Öl zum Anbraten,
etwas Speisestärke zum Abbinden*

ZUBEREITUNG
Für die Fülle Brät und Gemüsewürfel mischen und
eventuell mit Salz, Pfeffer, Muskat und Cognac nach-
schmecken.
Die Wachtel vom Rücken ausgehend am Körper entlang
auslösen. Danach die Flügel- und die oberen Keulen-
knochen auslösen. Eventuell noch vorhandene kleine
Federn entfernen.

Die ausgelösten Wachteln auf die Arbeitsfläche legen,
etwas von der Fülle auf die Wachtel streichen. Die Gänseleber in Streifen schneiden, im Spinatblatt einrollen, auf
die Fülle legen und ebenfalls mit etwas Farce bestreichen.
Nun die Wachteln schließen und mit der Verschlussseite
auf ein vorbereitetes, gebuttertes Alufolienstück legen.
Jede Wachtel würzen und mit Butter bestreichen. Die
Alufolie bis direkt an die Wachtel einschlagen, so wird die
Wachtel fixiert und kann während des Garvorganges nicht
aufgehen. Jetzt die Wachteln in den Ofen schieben und
circa 15 bis 20 Minuten bei 200 °C backen.
Für die Sauce in einem Bräter Öl erhitzen, die zerkleiner-
ten Wachtelknochen zugeben und hellbraun anbraten.
Das klein geschnittene Gemüse zugeben und mitbraten
lassen. Wenn das Gemüse Farbe hat, das Öl abschütten.
Etwas Zucker und Tomatenmark zugeben, leicht anschwitzen, mit Rotwein mehrmals ablösen, etwas
Wasser oder Geflügelbrühe und die Gewürze zugeben
und langsam köcheln lassen. Mit etwas Mondamin abbinden und abschmecken. Danach durch ein feines Sieb
passieren.

REZEPTE

KARREE VOM SCHWÄBISCH-HÄLLISCHEN JUNGSCHWEIN MIT KARAMELLISIERTEM SPITZKOHL UND SCHWARZBROTKNÖDELN
Becksteiner Rebenhof, Seite 176

ZUTATEN FÜR 4 PERSONEN

900 g Karree vom Schwäbisch-Hällischen Jungschwein, 2 EL Butterschmalz, Fleur de sel, bunter Pfeffer, grob gemahlen

SPITZKOHLMOUSSELINE

200 g Spitzkohlblätter, 50 g Weißwein trocken, 100 ml Sahne, 30 g Butter, 1 EL Zucker, Salz

SPITZKOHLPRALINE

200 g Spitzkohlblätter, 4 große Spitzkohlblätter, 1 EL Kalbsjus, 1 EL Zucker, 30 g Butter, Salz, Kümmel

SCHWARZBROTKNÖDEL

400 g trockenes Schwarzbrot, 2 Schalotten, 170 ml Milch, 50 g Butter, 2 Eigelb, 3 Eiweiß, Salz, Muskat, Koriandersaat

ZUBEREITUNG

Das Karree in vier gleich große Stücke teilen.
In einer Pfanne Butterschmalz erhitzen und die Fleischstücke von allen Seiten rasch bräunen.
Auf einem Rost im vorgeheizten Backofen bei einer Temperatur von 150 °C 13 bis 15 Minuten garen. Anschließend für 5 Minuten warm ruhen lassen, würzen.

Für die Spitzkohlmousseline Zucker in einer Sauteuse karamellisieren und mit Weißwein ablöschen. Die Spitzkohlblätter grob schneiden und mit der Butter zum Karamell geben.
Sahne aufgießen und bei niedriger Temperatur weich garen. Pürieren und salzen.
Für die Spitzkohlpraline Zucker in einer Sauteuse karamellisieren, Butter und den fein geschnittenen Spitzkohl hinzugeben und mit Kalbsjus einkochen. Mit Salz und Kümmel würzen.
Eine kleine Schöpfkelle mit je einem blanchierten Spitzkohlblatt auslegen, mit dem geschnittenen Kohl befüllen, fest andrücken und verschließen. Im Backofen erhitzen.
Für die Schwarzbrotknödel Schalotten würfeln und in einem Topf mit der Butter glasig dünsten. Milch aufgießen und mit Salz, geriebener Muskatnuss und etwas gestoßener Koriandersaat aufkochen. Für die Schwarzbrotknödel das gewürfelte Schwarzbrot mit dem heißen Milchgemisch übergießen und für 10 Minuten quellen lassen. Anschließend Eigelb und dann das geschlagene Eiweiß locker unterheben. Die Knödelmasse in Klarsichtfolie einschlagen und für 30 Minuten dämpfen. Zum Servieren in Scheiben schneiden.

REHNÜSSCHEN IN HOLUNDER-JUS MIT STEINPILZEN, MANDEL-BROKKOLI UND HAUSGEMACHTEN SPÄTZLE

Hotel St. Michael, Seite 178

ZUTATEN FÜR 4 PERSONEN

REHNÜSSCHEN IN HOLUNDER-JUS

2–3 Rehnüsschen (ca. 700 g), 1 Schalotte, fein gehackt, 150 ml trockener Rotwein, 2 EL frische Holunderbeeren (oder ersatzweise 40 ml Holundersirup), 150 ml Jus (oder Bratensaft), 1 TL Butter, 1/2 TL Speisestärke, 2 Thymianzweige, 1 Lorbeerblatt, Öl zum Anbraten, Salz, Pfeffer

PILZE

200 g Steinpilze, 1 EL Butterschmalz, 1 TL gehackte Petersilie, Salz, Pfeffer

BROKKOLI

200 g Brokkoli, geputzt, 2 EL gehobelte Mandeln, 1 EL Butter, Salz, Pfeffer

SPÄTZLE

3 Eier, 3 Eigelb, 200 g Mehl, Salz, Muskat, 2 EL Butter, 3 EL Weckmehl, Salz

ZUBEREITUNG

Rehnüsschen mit Salz und Pfeffer würzen und mit etwas Öl scharf anbraten. Aus der Pfanne nehmen und auf dem Blech für circa 30 Minuten bei 100 °C in den Ofen schieben. In der Zwischenzeit die Schalotten in etwas Butter anschwitzen und mit Rotwein ablöschen. Holunderbeeren, Jus, Thymian und Lorbeerblatt dazugeben und auf die Hälfte einkochen. Abschmecken und mit in Rotwein gelöster Speisestärke binden. Die Sauce muss nach dem Abbinden noch einmal richtig kochen. Thymian und Lorbeerblatt herausnehmen und die Sauce warm stellen. Die Steinpilze in Butterschmalz anbraten, mit Salz und Pfeffer würzen und mit der gehackten Petersilie schwenken. Brokkoli in kochendem Salzwasser blanchieren. Mandelblättchen in Butter goldbraun rösten und auf dem Brokkoli anrichten.

Für die Spätzle Eier, Eigelb, Mehl und Gewürze zu einem Teig schlagen, bis er Blasen wirft. Der Teig sollte zähflüssig sein. Mit einer Spätzle-Presse feine Fäden in kochendes Salzwasser drücken, einmal aufkochen lassen und anschließend in kaltem Wasser abschrecken.

Vor dem Anrichten senkt man die Spätzle kurz in heißes, gesalzenes Wasser ab und schwenkt sie kurz mit etwas Butter in einer heißen Pfanne.

Für die Garnitur – die Schmelze – wird Butter in einem kleinen Topf erhitzt und das Weckmehl darin geröstet. Mit Salz abschmecken.

REZEPTVERZEICHNIS

ADRESSVERZEICHNIS

ADRESSVERZEICHNIS

ADRESSVERZEICHNIS

Besondere Adressen für Sie entdeckt

Bremen und Umgebung
144 Seiten, Hardcover
978-3-86528-537-9

Düsseldorf und Umgebung
208 Seiten, Hardcover
978-3-86528-548-5

Linz und Umgebung
192 Seiten, Hardcover
978-3-86528-541-6

Zürich und Umgebung
160 Seiten, Hardcover
978-3-86528-544-7

Berlin und Umgebung
184 Seiten, Hardcover
978-3-86528-477-8

Freiburg und Breisgau
200 Seiten, Hardcover
978-3-86528-514-0

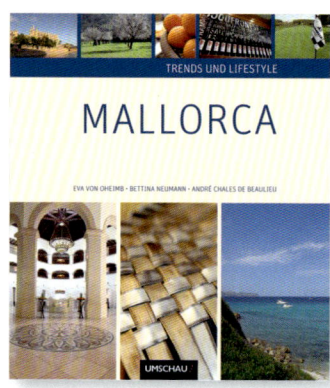

Mallorca
248 Seiten, Hardcover
978-3-86528-524-9

Wipptal und Eisacktal
128 Seiten, Hardcover
978-3-86528-543-0

**Bestes Handwerk vom
Schwarzwald bis zum Neckar**
144 Seiten, Hardcover
978-3-86528-519-5

Bestes Handwerk Wien
160 Seiten, Hardcover
978-3-86528-468-6

Raum & Design München
200 Seiten, Hardcover
978-3-86528-546-1

**Faszination Welterbe
– Band 1 – Deutschlands Norden**
256 Seiten, Hardcover
978-3-86528-545-4

Weitere Empfehlungen aus der Region

bau.stil.
Christian Bau
288 Seiten, Hardcover mit Schutzumschlag
978-3-86528-739-7

Wild
Harald Rüssel
208 Seiten, Hardcover
978-3-86528-734-2

Ganz Natürlich
Thomas Dreher
192 Seiten, Hardcover
978-3-86528-747-2

Drunter & Drüber
Das Brotback- und Aufstrichbuch
208 Seiten, Hardcover
978-3-86528-746-5

Klitzekleine Glücklichmacher
Daniela Klein
144 Seiten, Hardcover
978-3-86528-759-5

Schlau kochen
Ein Entdeckerkochbuch für
neugierige Kinder und Erwachsene
264 Seiten, Hardcover
978-3-86528-608-6

Die genussvollen Seiten des Lebens

Für weitere Informationen über unsere Reihen
wenden Sie sich direkt an den Verlag:

Neuer Umschau Buchverlag
Moltkestraße 14
D-67433 Neustadt / Weinstraße

☎ + 49 (0) 63 21 / 8 77-852
 + 49 (0) 63 21 / 8 77-859
@ info@umschau-buchverlag.de

Besuchen Sie uns
auch im Internet:
www.umschau-buchverlag.de

IMPRESSUM

© 2013 NEUER UMSCHAU BUCHVERLAG GMBH
Neustadt an der Weinstraße

TEXTE & RECHERCHE
Harald Liebel, Nürnberg

FOTOS
Christine Blei, Nürnberg

LEKTORAT/PRODUKTION
komplus GmbH, Heidelberg

GESTALTUNG
komplus GmbH, Heidelberg

REPRODUKTION
posi.tiff media GmbH, Gelnhausen

KARTE
Trantow Atelier, Grafik & Illustration
Herbolzheim

DRUCK UND VERARBEITUNG
Ninodruck, Neustadt/ Weinstraße

Printed in Germany
ISBN: 978-3-86528-553-9

Besuchen Sie uns im Internet:
www.umschau-buchverlag.de

Wir bedanken uns für die freundlicherweise zur Verfügung gestellten Fotos bei:
Seite 10, 140-141, 143, 145 und Umschlagrückseite ganz rechts: Harald Liebel
Seite 15: fotolia, line-of-sight
Seite 16 oben: fotolia, world images
Seite 16 unten links: fotolia, A. Rochau
Seite 16 unten rechts: fotolia, Jacek Chabraszewski
Seite 24–25 und 50: art + business hotel
Seite 27 mitte und unten: AUMER'S LA VIE
Seite 30–33 und 49 rechts: WITTENSTEIN, Knut Pflaumer
Seite 35 mitte: Reichelsdorfer Keller
Seite 39 mitte: Altes Forsthaus
Seite 47 mitte: Zöllner's Weinstube
Seite 61 unten rechts: Touristik Service Dinkelsbühl, Ingrid Wenzel
Seite 62 oben links: Touristik Service Dinkelsbühl, Ingrid Wenzel
Seite 65 oben und 92: Landhotel 3Kronen
Seite 71 mitte: Landgasthof Fiedler
Seite 72 und 73 mitte: Landgasthof zum Schwarzen Adler
Seite 75 mitte: Glocke
Seite 83: Hotel Gasthof Sonne
Seite 87 mitte: Demeterhof Schwab
Seite 90: Angusmanufaktur
Seite 104: fotolia, Flexmedia
Seite 105 unten: Bayreuth Marketing & Tourismus GmbH
Seite 105 mitte: Britta von der Wehl
Seite 106: Bayreuth Marketing & Tourismus GmbH
Seite 107: fotolia, Otto Durst
Seite 110, 111 oben, 113 mitte, unten: Burg Hotel Colmberg
Seite 117 unten, 119 und 132 rechts: Bürgerreuth
Seite 121 unten: Hotel Messerschmitt
Seite 122: ©Kopfwerk.com für das-eckerts.de
Seite 125 unten: Hotel Göller
Seite 128 und 129 oben, mitte: Schützenhof
Seite 159 mitte: Winzerhof Burrlein
Seite 161: Weingut Max Müller I, Ingo Peters
Seite 162: Ringhotel & Restaurant Löwen
Seite 165 mitte: Weingut Ilmbacher Hof
Seite 167 mitte: Landgasthof zur Brücke
Seite 169 unten: Schuberts
Seite 176: Becksteiner Rebenhof
Umschlagvorderseite 2. von links: fotolia, Frank

Besonderer Dank des Autors an
Britta von der Wehl für die engagierte Unterstützung.